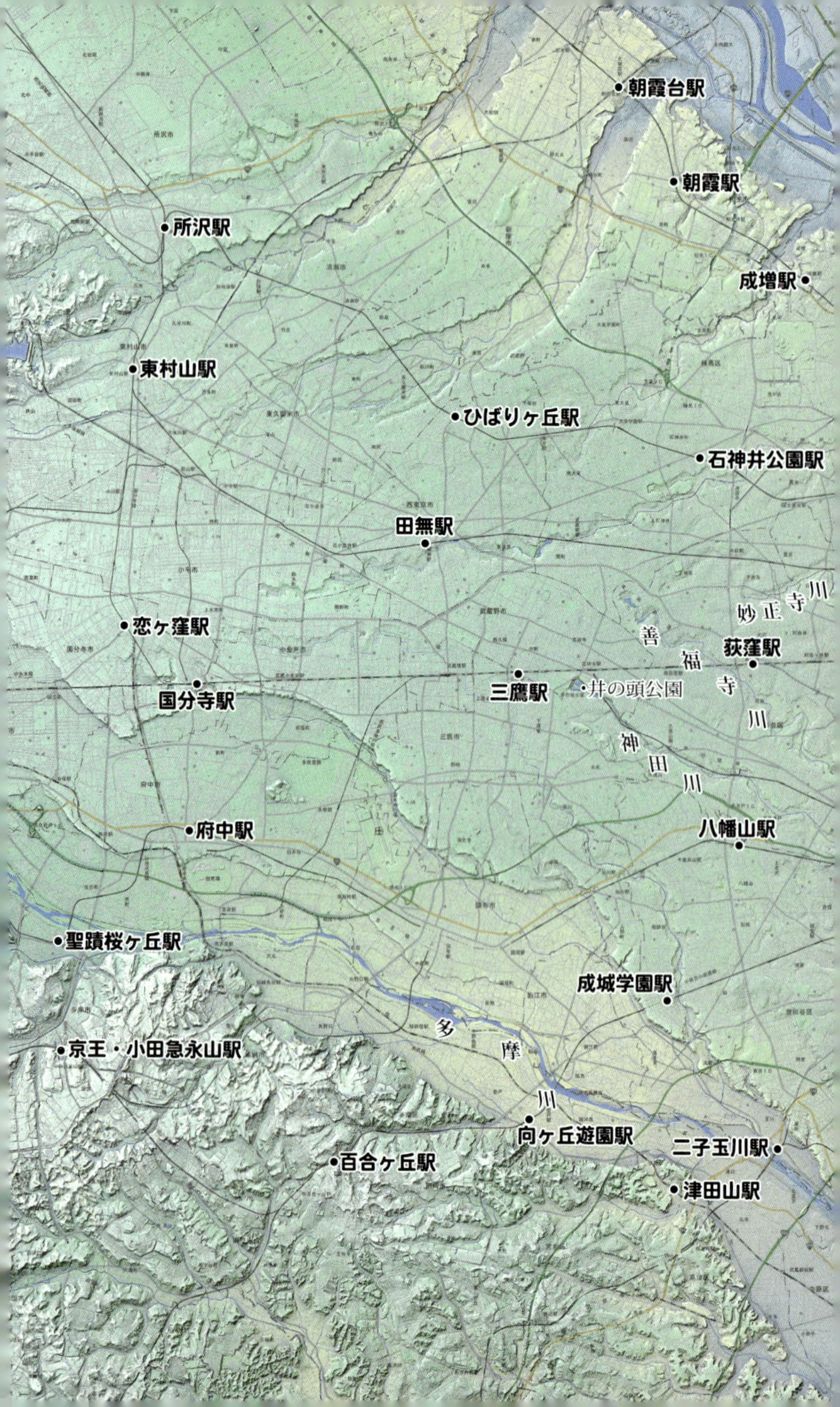
朝霞台駅
朝霞駅
成増駅
所沢駅
東村山駅
ひばりヶ丘駅
石神井公園駅
田無駅
妙正寺川
恋ヶ窪駅
善福寺川
荻窪駅
三鷹駅
井の頭公園
国分寺駅
神田川
府中駅
八幡山駅
聖蹟桜ヶ丘駅
成城学園駅
多摩川
京王・小田急永山駅
向ヶ丘遊園駅
二子玉川駅
百合ヶ丘駅
津田山駅

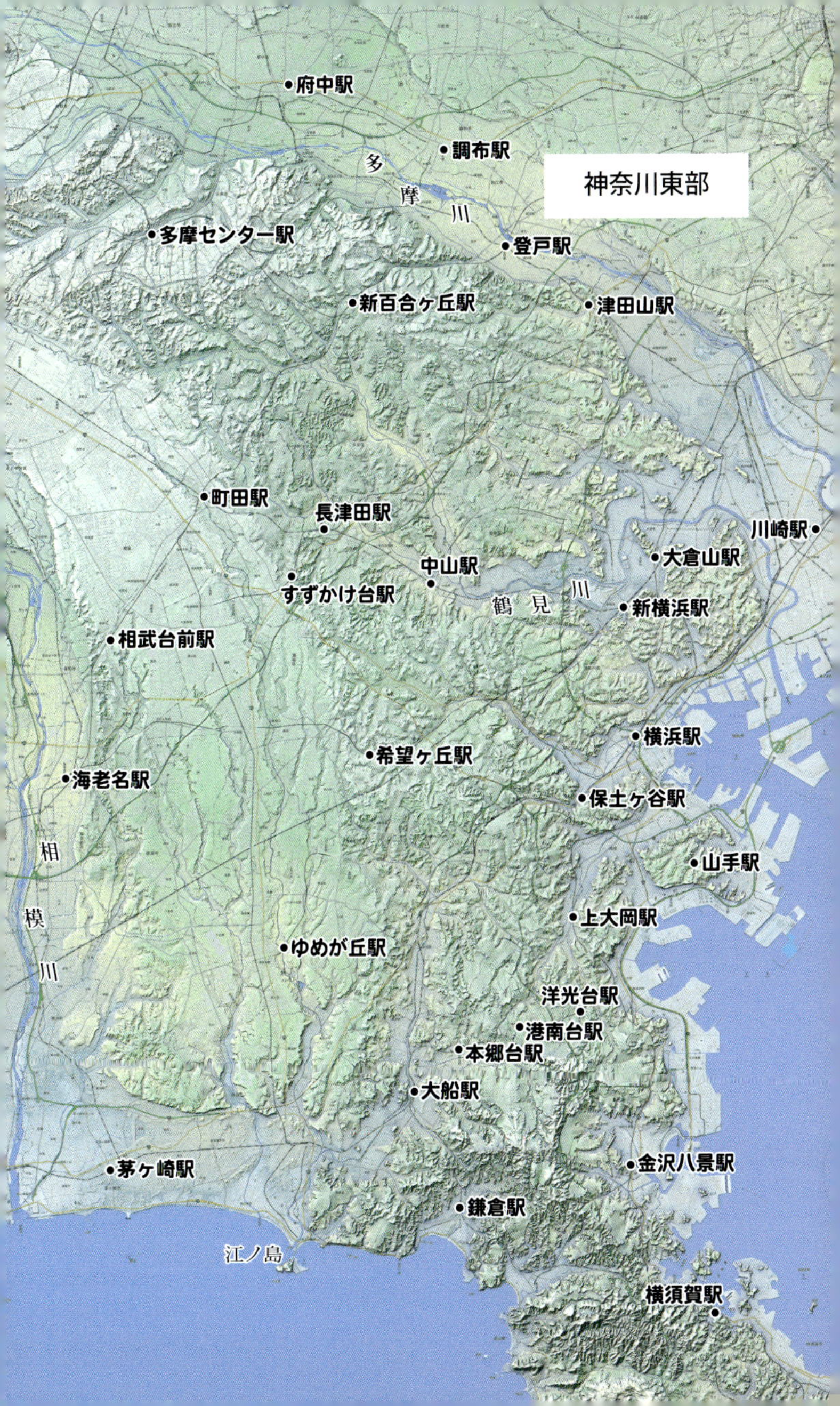
神奈川東部
府中駅
調布駅
多
摩
川
多摩センター駅
登戸駅
新百合ヶ丘駅
津田山駅
町田駅
長津田駅
川崎駅
大倉山駅
中山駅
すずかけ台駅
鶴
見
川
新横浜駅
相武台前駅
横浜駅
希望ヶ丘駅
海老名駅
保土ヶ谷駅
相
模
川
山手駅
上大岡駅
ゆめが丘駅
洋光台駅
港南台駅
本郷台駅
大船駅
金沢八景駅
茅ヶ崎駅
鎌倉駅
江ノ島
横須賀駅

地形を感じる駅名の秘密　東京周辺

内田宗治
Muneharu Uchida

JIPPI Compact

実業之日本社

はじめに

東京周辺の鉄道の駅名には、地形を連想させるものが数多い。代官山駅などの「山」や自由が丘などの「丘」、市ヶ谷駅などの「谷」、品川駅などの「川」といったものや、台地と谷を結ぶ神楽坂駅の「坂」、池袋駅の「池」、湯島駅の「島」などである。駅のある場所がその地形どおりの所もあるし、そうでないもの、ウソのようなものもある。

地形を連想させる駅名が多いのは、東京が起伏に富んだ地のためである。奥多摩方面を除くと東京は関東平野に位置するので、平たい土地が広がっていると思われがちだが、決してそうではない。

簡単に確認しておくと、東京は東側の下町低地と西側の武蔵野台地、それに奥多摩の山間地とに分かれる。下町低地はほぼまったいらで、海抜がマイナスのいわゆるゼロメートル地帯もある。一方、山手線の内側とその西側には武蔵野台地が続いている。台地上は、規模は小さいながら山あり谷あり、凸凹の多い地形でまさにミニ山岳地帯の様相を呈している。巻頭のカラーページの地図を見ていただければお分かりのとおりである。

鉄道路線を追っていくと、下町低地には、予想どおり◯◯山や◯◯ヶ丘といった駅名は

ない。本文で述べるように、実はあってもおかしくないのだが、存在しない。それに対して山手線の西側（都内）には、「山」や「丘」、「台」と名に付く駅が約40カ所もある。

本書では、地形を連想させる名が付く駅に関し、二つの視点から述べている。

第一は、駅名と実際の駅周辺の地形との関連である。凸凹地図なども参考にしながら眺めていくと、駅名や地名の由来、付近の地形の特徴、歴史など、様々な点で理解が深まる。電車に乗って車窓を見ることの楽しさ、駅を降りて一帯を歩いた時の興味の持ち方も変わってくると思う。いわゆるうんちく話として楽しんでいただくのもいい。

第二の視点は、JRと私鉄との違いにより、または私鉄どうしでも会社の違いによって、地形を冠した駅の名の付け方に差があることである。組織や会社の経営方針、社風の相異が影響しているようだ。また時代によっても、名の付け方に傾向の違いが生じている。

たとえば東急電鉄や京王電鉄は、ある時から駅名に「山」や「丘」を付けるのを好んだ。東急（当時は東京横浜電鉄）は、開業時に九品仏《くほんぶつ》駅と名付けた駅を昭和4年に自由ヶ丘駅と改称している。京王は関戸駅を聖蹟桜ヶ丘駅に改称した。「山」や「丘」、「台」の前にこうした好イメージの名を付けることを、東急や京王はいくつかの駅で行っている。ところが東武鉄道の駅には、「丘」が付く駅名がない。沿線に丘陵地がたくさんあるのに、そ

れを冠する駅名がないのである。駅名の付け方の思想のようなものが明らかに異なっているのだ。

もし、西武新宿線が京王電鉄によって敷設されていたら、下落合駅など、「おとめ山駅」と名付けたはずだと思えてくる。詳しくは本文で述べるが、付近に「おとめ」に由来する高台があるためである。下落合と「おとめ山」とではずいぶんと駅の印象が違うのではないだろうか。

同じく山手線西日暮里駅も、単に日暮里の西側にあるからこの名になったようだが、あまりに手を抜いた命名に思える。山手線を東急が経営していたら、「道灌山駅《どうかんやま》」と付けたのではないか。西日暮里駅前には、江戸時代から道灌山と呼ばれた高台が名所となっていた。これを利用しない手はない。〇〇山という駅名や町名は、なんとなくイメージがよく、土地の資産価値もあがりそうだ。駅近辺の地形の特徴も、多くの人に理解されるようになっただろう。

時代によっての傾向の変化も興味深い。緑が丘など〇〇ヶ丘といた駅名は、都内では昭和になって初めて登場してくる。そこに丘があるのは今も昔も変わらないのに、明治・大正時代にそうした名前は付けなかった。「丘」に限らず「山」の付く駅名も時代によって傾向が変化する。日本人の自然に対する精神史の変遷もたどれそうだ。

地名に対する研究は、明治時代に『大日本地名辞書』を編纂した吉田東伍、『地名の研究』の柳田國男をはじめ数多くの学者によりなされてきた。本書は学術書ではないので、その流れの中にあるものではない。地理学や地誌学というよりも、散歩を楽しむ視点、うんちく話の面白さとして書いている。とはいえ、記述の多くは碩学《せきがく》の先人の研究をもとに、私なりの発見、気づいたことを加えている。地名に関する本で、書き手独自の想像で地名の由来を断言する本に時おり出会うが、本書ではそうしたことは慎んでいるつもりである。

地名には、現在の住所にあるもの、過去の町村名、字《あざな》にあったもの、地元で使われてきた通称など様々なものがある。なかでも駅名は、生まれた年月、命名者（鉄道会社など）がはっきりしている。本書では、あえて駅名という地名の一断面を見ていくことで、これまで語られてこなかった事柄に焦点を当ててみたい。

目次

第2章

「山」の付いた駅名〈考察編〉どういう経緯でその「山」に？

第3章

実は低地にも多かった!?「丘」「台」駅名いろいろ

第4章

ぐるり一周、山手線の地形を見てみよう

第5章　好まれ避けられ様々な!?「谷」の付いた駅名

第6章 地域を物語る「坂」「島」駅名

装丁 杉本欣右 DTP Lush! 地図制作(P122-123) 深澤晃平
地図制作(特記以外)・編集 磯部祥行(実業之日本社) 協力 月刊『東京人』(都市出版)・小野田滋

※本書に掲載した地図のうち、出典を記載していないものは、DAN杉本氏制作のカシミール3Dで「スーパー地形データ」と国土地理院の「地理院地図」を使用して作成した地図に加筆しました。http://www.kashmir3d.com/

序章

地形を示す駅名は JRと私鉄でこんなに違う！

0-1 ＪＲの駅名には「山」がない！でも私鉄の駅名には「山」がいっぱい

都内で「山」や「川」をはじめ地形が付く駅名をすべて書き出してみて、驚いたことがいくつかある。その一つが、都内の私鉄の駅には代官山駅、八幡山駅、久我山駅など「山」が付くものがたくさんあるのに、ＪＲの駅にはまったくないことだった。

山手、中央・総武線をはじめ都内のＪＲ線には、「山」はもとより小高い場所を示す「丘」や「台」が付く駅も一つもない。山に関連するものとしては、ＪＲ青梅線の御嶽《みたけ》駅、そのほかあえて挙げれば、上にある野という意味で上野駅、高い尾根という意味で中央線高尾駅くらいでる。

都内のＪＲ線が平坦地を走っていて山がなく、私鉄が山や丘の多い地を走っているためかというと、そういうわけでもない。中央線は小田急、京王、西武各線と同じように凸凹地形が続く武蔵野台地上を長い距離走っている。青梅線の青梅以遠に至っては、山岳路線といってもいい。

東京からどれだけ離れたら「山」の付く駅が現れるのかと、東京からの主なJR路線の駅名を追ってみた。東海道本線では、途中で静岡駅という「岡」は現れるが、「山」はなかなか現れない（静岡の名の由来は静岡市街北部にある賤機山《しずはたやま》にちなみ、「賤」を「静」に変えたもの）。名古屋の手前に金山《かなやま》という駅があるが、これは平成元年に新設（中央本線駅としては昭和37年開業）された駅。歴史が浅いのでこれを例外とすると滋賀県まで行ってやっと守山駅（明治45年開業）と石山駅（明治36年開業）とが現れる（ただし箱根の山を越える区間で、旧東海道本線にあたる御殿場線を見ると、山北《やまきた》駅と駿河小山駅がある）。

東北本線では東京を出て最初に現れる「山」は栃木県の小山《おやま》駅、仙台までの間では、福島県の郡山《こおりやま》駅があるだけである。中央本線では山梨県の塩山駅、総武線では意外と早く千葉県市川駅の先に下総《しもうさ》中山駅が現れる。高崎線には「山」の付く駅はない。関東平野を走っているので「山」がないのかと思いきや、新潟までの上越・信越本線の駅を追ってみても、上越国境の山々を越えるのに、新潟駅の一つ手前の越後石山駅まで「山」が付く駅がない。常磐線も唯一「山」が付くのは、宮城県まで北上して現れる山下駅だけである。

都内に限らず東京近郊のJR線にエリアを広げても、南武線に津田山駅、横浜線に中山駅などが存在するくらいである（63ページ参照）。

このように東京周辺のJR駅では、「山」が付く駅がなぜかとても少ないのである。

東急、京王に「山」駅が多く、小田急、西武に少ない謎

一方、私鉄、地下鉄、都電に関して、都内で「山」が付く駅をすべて書き出すと以下のとおりである。

東急…代官山（東横線）、武蔵小山、西小山、大岡山（目黒線）、尾山台（大井町線）、御嶽山《おんたけさん》（池上線）、山下（世田谷線）
小田急…小田急永山（多摩線）
京王…八幡山、千歳烏山、平山城址公園（京王線）、京王永山（相模原線）、高尾山口（高尾線）、浜田山、久我山（井の頭線）
西武…東村山（新宿線）、萩山（拝島線）
東武…大山（東上線）
東京メトロ…青山一丁目、溜池山王（銀座線）
都営地下鉄…白山（三田線）、馬喰《ばくろ》横山（新宿線）
都電…飛鳥山
京急、京成…なし
東京臨海高速鉄道…なし

王子駅の隣、木々が生い茂る飛鳥山。都心の中でも山らしい山の代表格だ

私鉄（都営も含む）などではこんなにたくさんある。いったいどうして、ＪＲと私鉄とでこうした相違が生じてしまったのだろうか。

　また東急と京王には「山」が付く駅が多いが、小田急、西武、東武は一〜二駅だけ、京急、京成には一つもない。京急、京成、東武（伊勢崎線）は、都内は平坦地を走っているので納得できるが、小田急と西武は、東急や京王と同じように凸凹の多い武蔵野台地を通っている。それなのにこれだけの違いが出てくる。「山」の付く駅名は、地形との関係というより、鉄道会社の好み、または経営上の戦略と関係がありそうな気がしてくる。順を追ってこの謎に迫ってみたい。

0-2 低地や谷に駅があっても「山」の名が駅名に付くのはなぜか？

そもそも「山」（やま）という字には様々な意味がある。広辞苑によれば、第一の意味として、

・「平地よりも高く隆起した地塊」

とある。これは誰もが思い描きやすい山だろう。周囲より高い山頂が存在するといったイメージの山である。標高が低くてもこうした地形なら山と呼ばれる。都心では、新橋駅近くの愛宕山《あたごやま》、王子駅近くの飛鳥山、浅草の待乳山《まっちやま》など自然地形の山と、箱根山（新宿区戸山）など旧大名屋敷の築山《つきやま》がある。

このほか同辞書には、

・「山林。平地の林をいう」

とも書かれている。小高くなっていなくても林のことを山ということがあるわけだ。平坦な田畑が広がる中、木々に囲まれた鎮守の杜《もり》があれば、そこを山と呼ぶ。

また、「山」（さん）と読む時の意味として、

・「寺院に添える語、また寺院」

とあり「金竜山浅草寺」の例が挙げられている。有力な寺院を、その周辺を含めて○○山と呼ぶことがあるのはこの例にあたる。

以上の国語辞書的な意味のほか、地名として「山」が使われる例では、

・山を見上げるような場所にある土地

・その土地の地主や豪族の名が「山」を含み、それが地名となった場合

これらの例が挙げられる。

前者の場合、地名の場所は山や丘ではなく、その麓の低い所にあることになる。駅名では山梨県の例だが、富士急行の富士山駅などがその典型的な例だろう。2011年に富士吉田駅から改称した。富士山の登山口が近くにあり、まさに富士山を見上げる立地の駅である。

後者の場合、人の名なので地形の凸凹とはまったく関係がない。そのため平坦地に「山」の地名が付く場合も出てくる。港区の青山や新宿区の戸山などがこの例にあたる。

このほか、正式な地名ではなく、地元の人などが呼ぶ通称名もある。西郷従道邸があった所を西郷山と呼ぶ例などで、これらは高台に屋敷を構えていた例が多い。

0-3

○○ヶ丘駅と○○台駅は「粗末な土地」？ 変貌する日本人の自然観

ある決まりのもとに単語を選んでみた。

・希望、光、ゆめ、ふれあい、自由

何やら明日に向けて未来が開けてきそうなものが並んでいる。

・梅、桜、藤、百合、つつじ、ユーカリ

植物もいろいろと出てくる。ほかには、

・富士見、狭山、ひばり

何の決まりかお分かりだろうか。希望ヶ丘駅、梅ヶ丘駅、富士見ヶ丘駅や都築ふれあいの丘駅といった「丘」の付く駅名の一部である（都内とその周辺）。

それでは、次の決まりによる単語はどうだろうか。

・代官、武蔵小、大岡、御嶽、八幡、千歳、浜田、久我、萩、飛鳥

これらは代官山駅など「山」の付く駅名の一部である。歴史的な地名や人名、江戸時代

の役名、神社名などで、丘の例とはまったく異なっている。「山」と「丘」とは、高いという意味で地形的にやや似ているが、駅名になると、このように大きな相異が出てくる。昭和の末頃、新人類という言葉が流行ったが、「山」の付く駅から見れば、「丘」の付く駅の名など、新人類のようなものだろう。「自分たちとまったく異なる価値観で何を考えているか（どうしてそんな名を付けるのか）分からない者（駅）」といった感じである。

「台」駅は、「丘」駅とずいぶん違う

丘と同じような地形を示す文字に台地の「台」がある。広辞苑では台の意味として「山や丘などで平たくて台（物をのせる平たいもの。また、人がその上にのるもの）のようになった土地」とある。

台が付く駅名もいくつか選び出してみた。

・若葉、五月、みどり、青葉、みずほ、みのり

こう並べてみると、春から秋への植物の様子を思い出させる。

・すずかけ、桜、鷹、富士見、七光、洋光

個別の動植物名や見晴らしがよい地、日当たりがいい地のイメージのものもある。

・国府、武蔵野、江戸川、能見、弥生、白金、朝霞

古くからの地名や歴史に由来する語もある。

このほか、詳しい由来は後述するが、初台のように徳川時代の女性の名にちなんだもの、石川台といった付近の川の旧称、相武台といった戦前に昭和天皇が命名したもの、三鷹台や白金台など歴史ある地名に台をつけたものなど、「台」の付く駅には、歴史や地形を探っていく面白さがあるものも多い。「台」は、地形上では山より丘に近いイメージをもつが、駅名に付くと、逆に丘より山に性格が似てくるようだ。

「桜台駅も桜ヶ丘駅もあるし、みどり台駅も緑が丘駅もある。『台』が付く駅も『丘』が付く駅も主に戦後、不動産で儲けようとした私鉄が、語呂がいい方を選んで好き勝手に駅名としたのだろう」

この程度に考えていたが、双方をリストアップしてみると、意外なことに丘と台とでは違いがあることが分かった。この点についても謎解きに迫ってみたい。

なお前記「山」については、違いが明確に出るため、都内の鉄道駅に限って述べてみたが、当項目以降、エリアを広げて傾向を把握するため、原則として私鉄に関しては、関東の大手・準大手私鉄9社（東京メトロも含む）、都営地下鉄、都電、横浜市営地下鉄の全路線、それにJRは「東京の電車特定区間」（東は千葉駅、北は取手駅と大宮駅、西は高尾駅、大船駅まで）を対象にしてみる。

司馬遼太郎が感じたナントカが丘

「山」「丘」「台」の付く駅の不思議な実態を見ていく上で、司馬遼太郎の「○○ヶ丘」に対する一文にふれておきたい。司馬は、『この国のかたち』の中で、「丘」の付く地名について、嫌悪感丸出しで語っている。

　新聞の造成住宅地の広告などをみると、愛称として、――ナントカが丘。
　という名称がついていることが多い。私の中の古《こ》日本人はなんと粗末な土地かとおもってしまう。
　〝もっとましな土地はないかね〟
　つい、想像のなかで不動産屋さんとかけあってみたくなる。（19谷の国）

司馬は自分の中の「古日本人」と限定したうえで、ナントカが丘という場所を「粗末な土地」に感じるという。

古日本人にとって丘の意味する所は、林の続く丘陵地帯で、井戸を掘っても水が出ず、人家を構えにくい場所だった。「山」には前章で述べてように様々な意味があったが、丘は「低い山」といった意味くらいしかない。

司馬は続けて語る。

谷こそ古日本人にとってめでたき土地だった。

丘（岡）などはネギか大根、せいぜい雑穀しか植えられない。

江戸期のことばでも、碁の岡目《おかめ》八目《はちもく》とか岡場所《おかばしょ》（正規でない遊里）という場合の岡は、傍《はた》とか第二義的な土地という意味だった。

村落も谷にできた。

近世の城下町も、谷か、河口の低湿地にできた。

その意味で、古日本人的感覚としては、ナントカが丘など、「粗末な土地」と感じたのだろう。言葉の裏には、狐狸の住む森や林を次々と切り崩し、〇〇が丘として高級そうな住宅地に変貌させることへの皮肉や反発も感じさせる。

司馬の文を引用したのは、明治以降に限っても、人々の山や丘、谷などへの自然感が変貌していることを念頭に置いておくためである。「古日本人」と「現日本人」とでは、丘をはじめ様々な地形に関する見方、感じ方が異なるようである。住所の字、町名は、多くの場合、何度か変更されている。町名の変更には、人々の自然観の移り変わりと密接に関係しているものもある。駅名も開業した時期によりそうしたものの影響を受けている。

次章から、具体的に駅名の由来を見ていくことで、駅周辺の地形や歴史を追っていきたい。それにより、駅名の付け方に傾向があることの理由も一部明らかになるはずである。

第1章

「山」の付いた駅名いろいろ

1-1 都電の飛鳥山停留場
本当の「山」の駅として孤高の存在

「山」が付く駅周辺の地形を順に見ていきたい。皆がイメージする山らしい山の名を東京周辺で駅名とした例は、非常に少ない。「山」の定義にもよるが、都内では、都電の飛鳥山（都電では駅と呼ばず停留場と呼称する）だけなのではないだろうか。武蔵野台地の東端、京浜東北線王子駅を見下ろす地に標高約25メートルの飛鳥山があり、一帯は飛鳥山公園になっている。その傍ら、標高約19メートルの所に飛鳥山停留場がある。

隣の王子駅前停留場は、下町低地へと下りた所にあり標高が5メートルしかない。一停留場間で標高差が14メートルあり、そこを都電はSカーブを描きながら上り下りする。そのため飛鳥山停留場は、「山」の名が付く停留場名にふさわしく感じる。

たとえばこの後述べる大岡山、代官山などは、台地の上にあるものの、多くの人はそこを山とは感じていないだろう。一方飛鳥山は、江戸時代から眺望の良さで名高く、歌川広重の浮世絵『名所江戸百景』などで、山上からの関東平野の眺めが描かれている。江戸時

飛鳥山公園モノレールを見上げながら飛鳥山停留場へと坂を上る都電荒川線

代に将軍吉宗がこの地に桜の苗木一〇〇〇本を植えて以来、江戸近郊の名所として知られてきた。

明治6年、日本最初の公園として、東京では上野公園、芝公園、浅草公園、深川公園と共に飛鳥山公園が指定されている。

●飛鳥山停留場〔都電荒川線、明治44年開業〕

王子の地は古くから紀伊（現・和歌山県）との関係が深かったといわれ、紀伊新宮の飛鳥明神の分霊を祀ったことから飛鳥山と呼ばれるようになった。その意味では、神社を示す「山」としての由来ももつ。

このほか、前述の愛宕山、待乳山、箱根山といった山が都心にあるが、かつてそれぞれの近くを通っていた都電路線の停留場も、これらの名が付いたものはなかった。

1-2 「山」と「丘」が付く町名の多い渋谷周辺で貫録を感じさせる駅名の代官山

次は、山頂がある山ではないが、周辺より高い台地にあるため、「山」という名が付いても違和感をもたない地名の例である。東急東横線代官山駅、東急大井町線大岡山駅、尾山台駅などが挙げられる。

代官山駅の地名の由来は以下のとおりである。

代官山駅 〔東急東横線、昭和2年開業〕

江戸時代にはまったくの山林で、代官所所轄地だったためとされる。駅のホームは谷状の切り通しの下にあり、周囲の環境と一致しないが、階段を上り改札口を出ると、瀟洒な町並みが目に入ってくる。

まさに「お代官様の山」があった所で、現在も高級住宅地であり、かつ大人の気品漂うおしゃれな街としてステータスの高さを誇っている。

地図を見ると、代官山駅が渋谷川の谷と目黒川の谷に挟まれた台地に位置しているのが

渋谷・代官山・中目黒

分かる。隣の渋谷駅は渋谷川の谷の底にあり、逆方向の隣駅の中目黒駅は目黒川の谷の底にある。代官山付近は両河川の分水嶺をなしている。東横線の渋谷―代官山間の大半は2013年に地下化され、渋谷川の姿などが車窓から見えなくなったのは残念だ。代官山駅の渋谷寄りの線路は、台地上に刻まれた小さな谷を進んでいる。代官山駅と中目黒駅の間にトンネルがあるのは、最も標高の高いあたりをトンネルで抜け、目黒川の谷へと出るためである。

　渋谷駅から代官山駅にかけての台地は、「山」や「丘」「台」が付く町名がひしめいている。円山《まるやま》町、鉢山町、代官山町、桜丘町、南平台町、青葉台で、その周辺には渋谷、鶯谷町といった「谷」、道玄坂といっ

た「坂」の付く町名もあり、凸凹が豊かな地形であることを示している。

円山町や鉢山町は、「円い緩やかな山」や「鉢を伏せたような山」の地形を連想させるが、語源は不明。円山町は、大正時代初期から渋谷周辺の花街として発展してきた町である。たしかにここの坂はやや緩やかだ。円山町から高台の続きとしてあるのが百軒店《ひゃっけんだな》（大正時代に開発される前は、荒木山と呼ばれた）で、昔はこれらの山の姿が現在の渋谷駅前スクランブル交差点付近からもよく見えた。鉢山の語源は一説に、法道仙人（6〜7世紀頃、中国・朝鮮半島を通って日本に渡ってきたというインドの仙人）の鉢がここに飛んできたためともいわれている。

この一帯には、総理大臣など有力者の邸宅が数多く立地してきた。田中角栄が私邸を文京区目白台に設け、総理の座を降りてからも「目白の闇将軍」といわれていたのに対し、田中の次に総理となった三木武夫は、代官山から続く台地、南平台町に私邸があった。田中はロッキード事件（1976年）で逮捕されるなど金権政治家の代表ともいわれ、その大邸宅が、庶民の住む神田川の谷を見下ろす立地だったのに対し、「クリーン三木」を標榜していた三木の邸宅は、周囲に立ち並ぶお屋敷の一つにすぎなかった。南平台町には、庶民を見下ろす高台などはなく、二人の政治家の体質を、居を構える場所が象徴しているようでもあった。なお、三木邸のすぐ近くに岸信介邸があり、安保闘争時（1960年）

代官山から高台が続く地にある西郷山公園。中目黒方面の見晴らしが抜群

には南平台へデモ隊が多数押し寄せ、近所の住人は大変迷惑したという。

このほか鉢山町には、日露戦争時の海軍大臣で後に総理大臣となった山本権兵衛別邸、青葉台には西郷隆盛の弟で海軍大将、西郷従道邸があった。旧西郷従道邸は現在西郷山公園などとなっている。こちらの方は目黒川の谷を見下ろす高台と斜面、その直下の低地まで広い範囲に立地していた。ただし当時は見下ろす地に庶民の邸宅はほとんどなく、一面の水田となっていた。

代官山町は、総理大臣の邸宅こそないが、周辺の町を含めた環境や、代官という威厳ある名前のためもあり、「山」の名が付く駅全体のイメージを高めるリーダー格的存在といえるだろう。

1-3

台地の上の「山」、大岡山駅と尾山台駅 低地なのに「丘」、自由が丘駅のからくり

代官山駅と同じ東急沿線の「山」駅、大岡山駅と尾山台駅周辺の地形はどうだろうか。この両駅名には珍しい特徴がある。「山」という文字が付いているのに、さらに「岡」（大岡山）や「台」（尾山台）も付くことである。まことに欲張りな駅名たちといえる。

大岡山の地名は江戸時代からあった。当地に駅を作ったので駅名とした形である。尾山台駅に関しては、駅の南側の台地の地名が尾山（古くは小山）だったのに、目黒蒲田電鉄（現・東急大井町線）は駅開業にあたり、「台」の字を加えた。東急の前身会社によるものだが、後に東急は「台」の付く駅名をたくさん作ることとなる。現在駅のある地の町名も尾山台だが、これは昭和45年に玉川等々力《とどろき》町から町名変更したもの。「山」も「台」もある名は、駅名の方が最初である。

●大岡山駅 〔東急目黒線、大井町線、大正12年開業〕

大岡山の名は、起伏に富んだ地形から名付けられたと推定される。大正時代の地図では、現

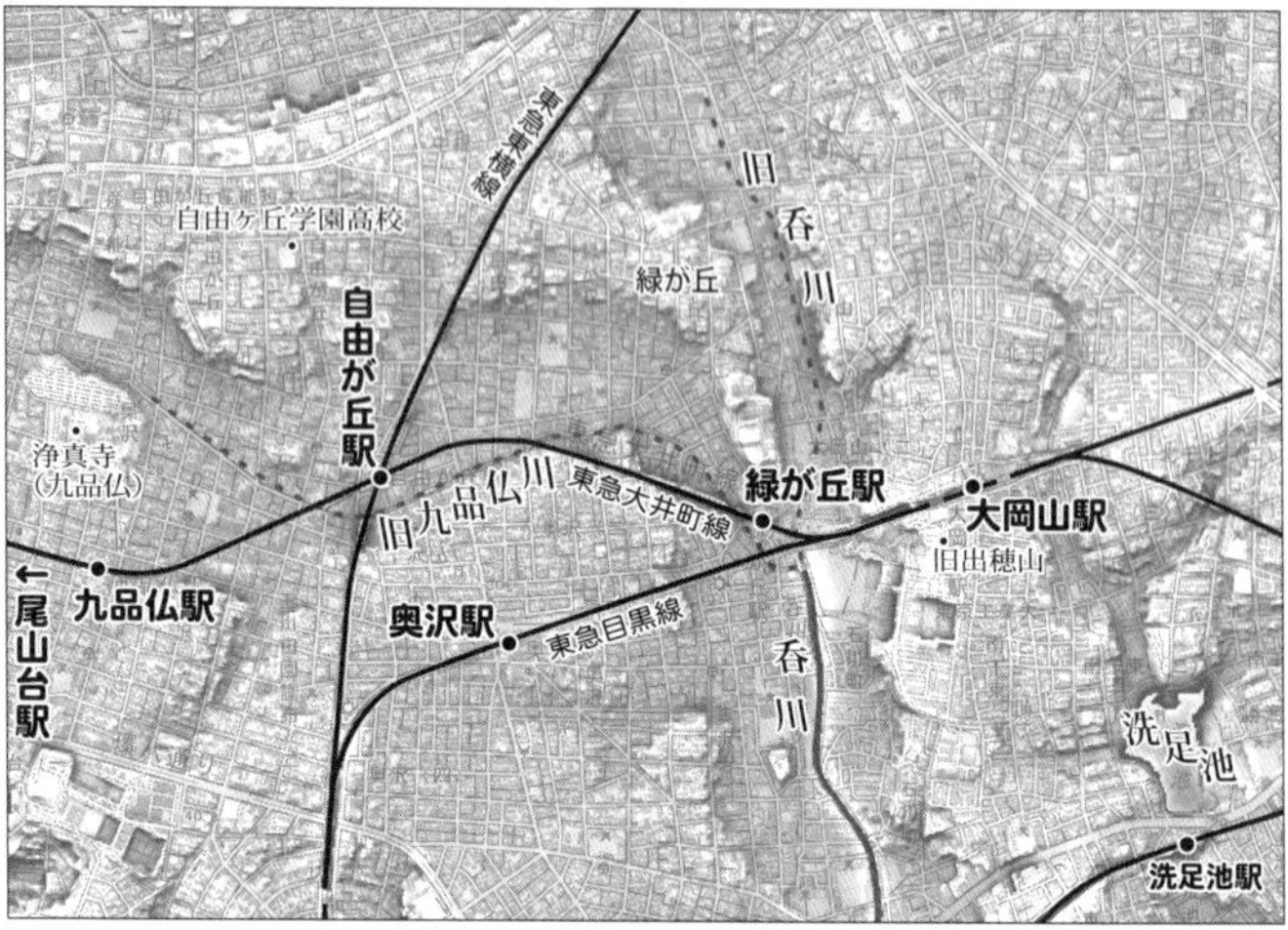

自由が丘・緑が丘・大岡山

在の駅の北側の丘が大岡山、南側の丘（現・東京工業大学東側付近）に出穂山の字名が見える。

尾山台駅《おやまだい》 【東急大井町線、昭和5年開業】

　多摩川の低地へと続く台地にある駅で、地名は戦国時代から小山郷の名で登場する。明治8年近くの荏原《えばら》郡小山（こやま）村との混同を避けるため、小山（おやま）村から尾山村へ改名している。

大岡山駅から自由が丘駅へ向かい、さらに田園調布駅に至る一帯の地形は丘あり谷ありとなっている。駅名にもその特徴が表れていて興味深い。

　二子玉川駅方面へと大岡山駅を発車した大井町線の電車は、呑川《のみがわ》の谷を高架で進み緑が丘駅へと着く。ここは呑川の支流、九《く》

品仏川《ほんぶつがわ》が呑川へと合流してくる地点であり、川沿いの低地に駅はある（下落合駅との類似性は62ページ参照）。次の自由が丘駅まで線路は九品仏川の谷を上流へと進む。自由が丘駅も緑が丘駅と同じく低地にありながら「丘」の名を冠した駅である。

ただし地形を無視しての出鱈目な命名というわけではない。それぞれ駅の北側には現在の町名で緑が丘1〜2丁目、自由が丘1〜3丁目の台地が広がっている。地名が付けられる例として、山を見上げるような場所に◯◯山という地名が付く例を述べたが、ここでは丘を見上げる場所の駅に丘の名を冠した形である。

緑が丘駅

［東急大井町線、昭和4年中丸山駅として開業、昭和8年緑ヶ丘駅に改称、同41年現駅名に改称］

現・緑が丘（当初は緑ヶ丘）の町名の方は、昭和7年に旧大字衾《ふすま》の字谷《や》上台《かみだい》などから改名。緑ヶ丘の名は、イメージアップのための新名称で、緑の多い丘陵地であったことから名付けられた。

自由が丘駅

［東急東横線、大井町線、昭和2年九品仏駅として開業、同4年自由ヶ丘駅に改称、同41年現駅名に改称］

東京横浜電鉄（現・東急東横線）が開業時に付けた九品仏《くほんぶつ》の駅名を改称した理由の一つは、昭和4年、実際の九品仏浄真寺への距離がさらに近い目黒蒲田電鉄（現・東急大井町線）九品仏駅（現・同駅）が開業したためである。改称を迫られる形となった東京横浜電鉄がその際に

大岡山駅付近の台地からは緑が丘、自由が丘方面の低地を見下ろせる

目を付けたのが、翌年、現・自由が丘駅北側に創立される私立自由ヶ丘学園（現・自由ヶ丘学園高等学校）だった。これにちなみ同4年自由ヶ丘駅に改称した。町名も昭和7年目黒区成立時に、荏原郡碑衾町大字衾から自由ヶ丘に改められている。

九品仏駅［東急大井町線　昭和4年開業］

駅の北側に通称九品仏で知られる浄真寺がある。境内に三つの阿弥陀堂があり、それぞれに印相の異なる阿弥陀如来像が3体ずつ計9体あることが名の由来。

浄真寺は延宝6（1678）年の開山。それ以前、同地は室町時代に築かれた奥沢城だった。小高い地を利用して世田谷城の出城として作られたものである。北側の低地に九品仏川の源泉となった池があった。

1-4 田園調布の存在感を高めた谷と崖 谷の商店街、自由が丘発展の理由とは

大岡山や緑が丘、自由が丘周辺の東急沿線を語るにあたり、忘れてはならない場所として、田園調布の存在がある。

田園調布は、「日本資本主義の父」とも呼ばれる大実業家の渋沢栄一が提唱した田園都市構想から生まれた町である。英国のガーデン・シティに範をとり、「農村と都会を折衷したような田園趣味の豊かな街」の建設を実現させた。現在に至るまで東京屈指の超高級住宅地の地位を保ち続けている。

開発母体は渋沢らによる田園都市株式会社が行った。現在の東京電鉄、東急不動産の始祖にあたる会社である。地図でも分かるように、駅を中心に扇状の道路が並行して数本配され、一区画一〇〇坪、上下水道完備の高級住宅地（多摩川台地区）として大正12年に分譲販売が開始された。

同社による分譲地開発は田園調布周辺が名高いが、洗足地区（大正11年販売開始）、大

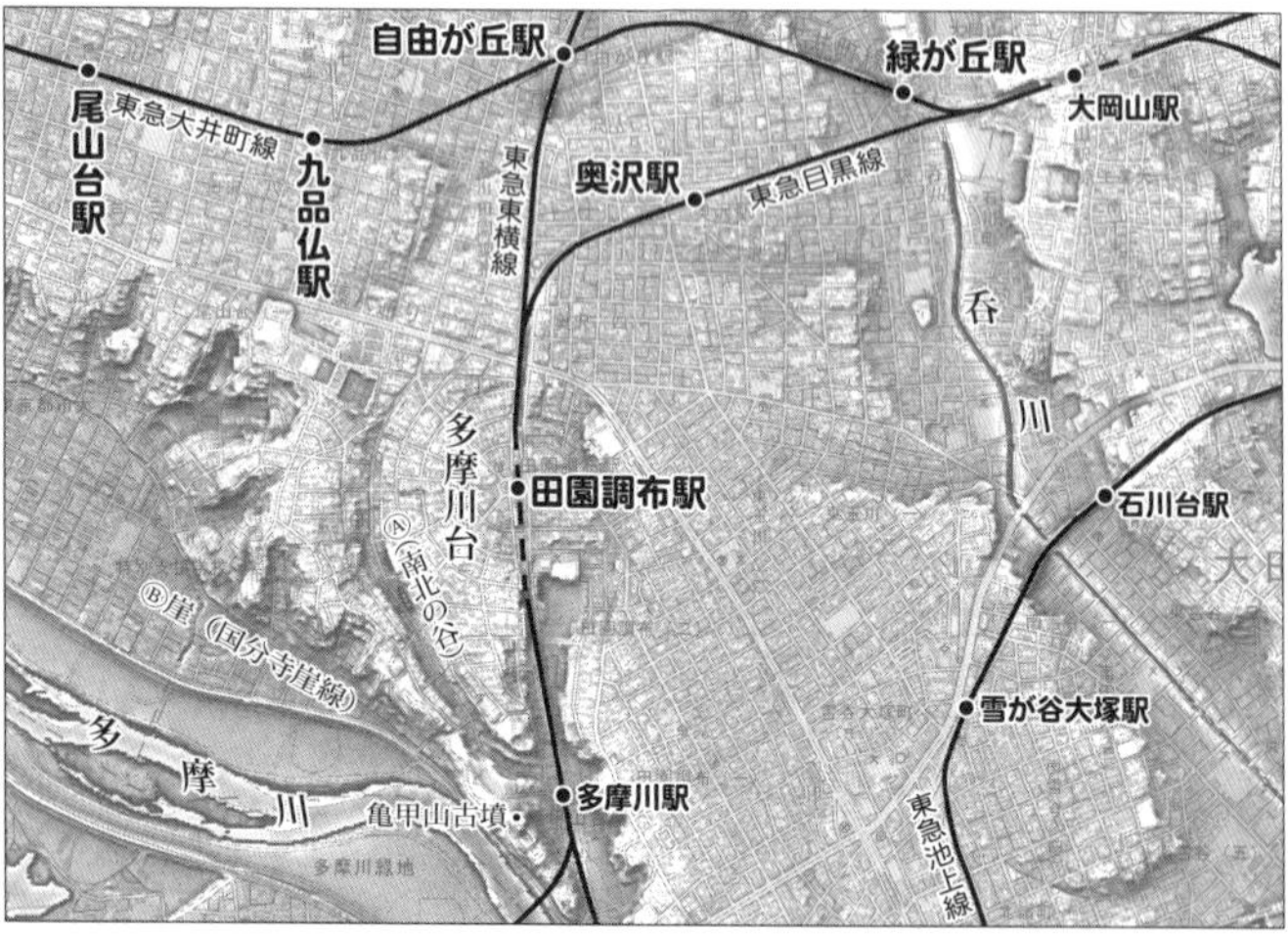

田園調布周辺

岡山周辺（同13年販売開始）でも行われている。緑が丘や自由が丘、尾山台などイメージにこだわった町名、駅名の改称がこの周辺で多く行われたのは、田園都市株式会社とその傘下の電鉄会社の影響が大きかったと思われる。

　田園調布周辺の凸凹地図を見た時興味深いのは、扇形の道路に並行する形で谷（上図Ⓐ）と崖（同Ⓑ）が存在することである。谷があることで、道路に起伏ができ、町並みのいいアクセントになっている。崖の下は多摩川沿いの低地で、昭和戦前くらいまでは一面の田んぼだった。現在はごく一般的な住宅地になっている。崖の存在は高級住宅地とそうでない場所との自然による境界線の役割を果たしている。

田園調布西側の高台からは、多摩川の低地越しに武蔵小杉の高層ビルが望める

田園調布駅

〔東急東横線、目黒線、大正12年調布駅として開業、同15年現駅名に改称〕

調布の語源は、古代朝廷に納める布を調布といったことによる。多摩川で晒して作った。駅周辺の主だった場所の分譲開始が大正12～14年に行われ、15年に調布駅を田園調布駅に改称している。

大岡山駅が丘の上、緑が丘駅と自由が丘駅が低地、田園調布駅が丘上に立地していたことは、その後の駅周辺の発展の仕方に相異をもたらした。鉄道開通前、大岡山駅周辺には民家が点在し、自由が丘駅周辺の低地は田んぼが広がり人家がほとんどない状態、田園調布駅周辺は林でこちらも民家がほとんどなかった（次ページの昭和４年頃の地図参照）。

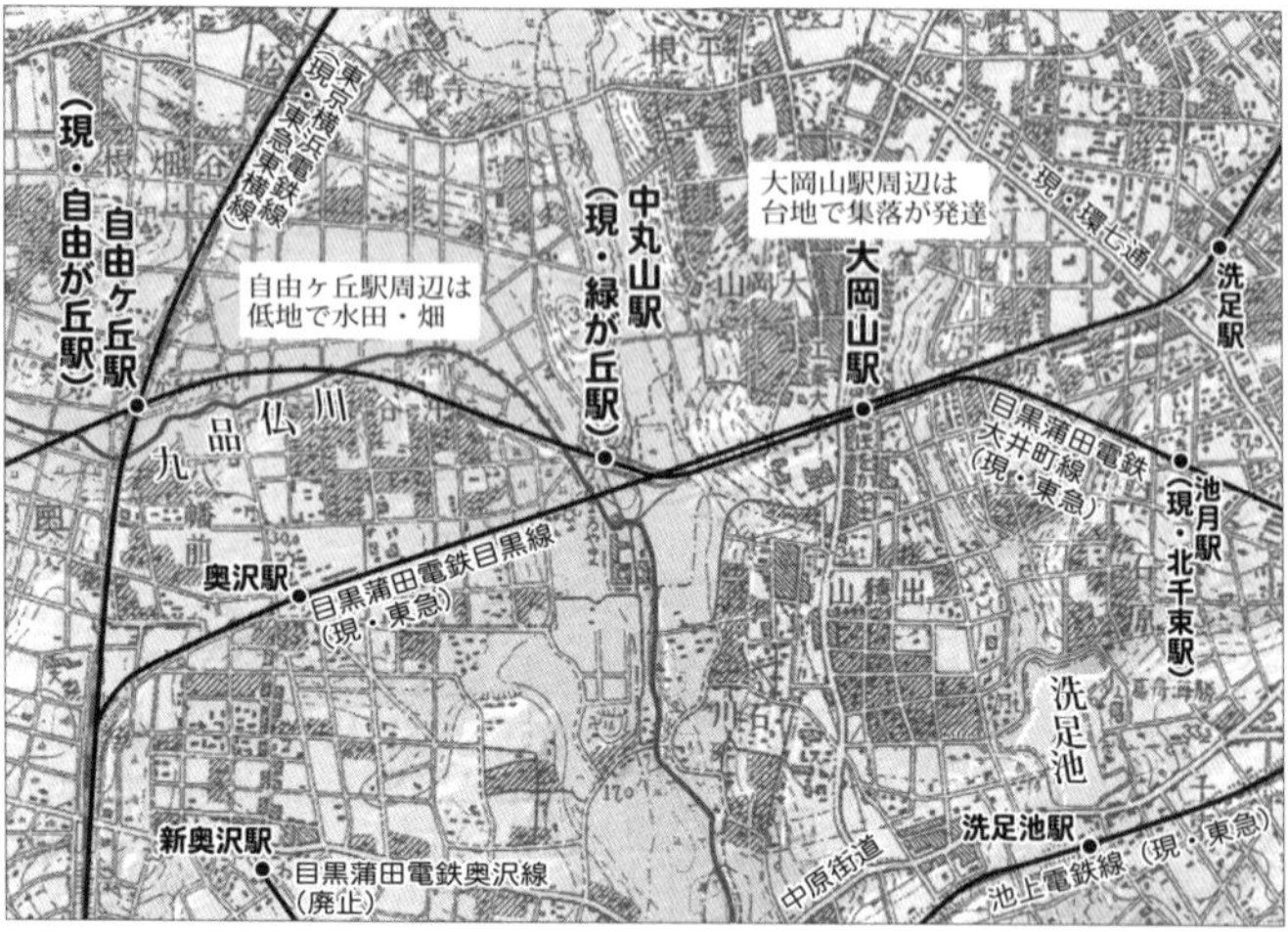

昭和４年頃の自由が丘、大岡山周辺地図（時系列地形図閲覧サイト「今昔マップ on the web」首都圏 1927 ～ 1939 年（© 谷　謙二）により作成）

開通後、大岡山駅周辺は住宅地、自由が丘駅周辺は商業地、田園調布駅周辺は西側が高級住宅地、東側の分譲地以外の所も住宅地となっていく。

東京の市街では大正時代くらいから、丘の上はお屋敷町、その下の低い土地は商業地や町工場といった土地利用が顕著になる。自由が丘周辺もその例のとおりだが、近くに田園調布を控えていることとその名前のおかげ？　で、おしゃれな商店街が形成されていく。昭和35年、ベストセラーとなり映画化もされた武田繁太郎の『自由ヶ丘婦人』の影響もあるという。

このように、「○○ヶ丘駅」が丘ではなく低地にある点については、さらに例を見てその意味するところを検討していきたい。

1-5 「武蔵小山駅」は西小山駅が名乗るべきだった!? 神社・仏閣を意味する「山」の名の駅

辞書に載っている「山」の意味として、「寺院に沿える語」とあるのを前章で紹介したが、寺院ではなく神社を「山」と呼ぶ例も散見される。駅名となったものには、以下の例などがある。

●武蔵小山《こやま》駅 〔東急目黒線、大正12年小山駅として開業、同13年現駅名に改称〕

武蔵小山駅から見ると、隣の西小山駅を越えてさらにその南に八幡《はちまん》神社（品川区荏原7丁目）がある。同神社は、現在暗渠化された立会川《たちあいがわ》の谷から眺めると小高くなっているので、小山八幡神社とも呼ばれた。同駅の名はこの神社による。

西小山駅の開業は昭和3年なので、武蔵小山駅と同時開業していたら、西小山駅の方が、小山駅（武蔵小山駅）を名乗っていたかもしれない。ちなみに、小山八幡神社ゆかりの神社がもう一つある。江戸時代の元禄年間に信仰上の問題から氏子が二分し、現在の小山5丁目に三谷八幡神社を創建させた。こちらの神社は両駅からほぼ同距離の地にある。

白山駅《はくさん》

〔都営地下鉄三田線、昭和47年開業〕

近くに白山神社があることが駅名の由来。駅は小石川支流の谷にあり、神社は近くの丘の上にある。白山神社は石川・岐阜県境の名峰、白山（標高2702メートル）への信仰から生まれた加賀国白山神社を勧請《かんじょう》したものである。10世紀に本郷の地に創建され、その後現在の小石川植物園の地に一度移転。江戸時代前期、そこに館林藩主徳川綱吉（後の5代将軍）の屋敷が建造されることになり、現在地に再移転した。

御嶽山駅《おんたけさん》

〔東急池上線、大正12年御嶽山前駅として開業、昭和8年現駅名に改称〕

駅のすぐ北側に御嶽神社があることによる命名。江戸時代後期、「嶺《みね》の御嶽神社に三度参拝すれば、木曾御嶽山へ一回行ったのと同じ」といわれ、豪商など有力者の信者も多かった。一帯は明治22年まで嶺村。御嶽山駅の現在の町名は北嶺町。地名の由来は多摩川東岸の段丘上の高台（嶺）にあることによる。神社境内地には「霊神の杜」と名付けられた鎮守の杜があり、霊神碑と共に神域になっている。

山下駅

〔東急世田谷線、大正14年開業〕

今は暗渠となっている北沢川（目黒川の上流部）の谷がやや狭まる所に位置し、一帯は起伏に富む。その台地の下にあるので山下という説と、山（大谿山豪徳寺《だいけいざんごうとくじ》）の下にあるためとの説などがある。

1-6

駅から遠い神社の名を付けた京王線八幡山駅の複雑な経緯

京王線の八幡山駅の山も八幡社（神社）の杜を表す山である。駅は杉並区の南端、上高井戸1丁目に位置している。数十メートル南に区境があり、そこから先は世田谷区の八幡山3丁目となる。駅は杉並区で、由来する町名の八幡山は世田谷区なので、なんとなくおさまりが悪い。

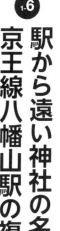

こうなったのには理由がある。大正7年の開業時、駅は現在より200メートルほど新宿寄りの旧松沢村、現在の世田谷区上北沢に位置していた。駅名も現在と異なり、単純に付近の地名を付けた松沢駅だった。昭和12年頃、区境を越え現在地に移転、それに前後して駅名を八幡山に改称している。この時、杉並区に移ったのに世田谷区の町名をあえて付けた。その理由を推測してみたい。

駅の北側（上高井戸1丁目側）には甲州街道が通り、駅移転以前から人家が多かった。一方南側（八幡山3丁目側）は田園が広がり人家はとても少なかった。八幡山の町名や駅

名の元となった八幡社は、人家の少ない南側、駅から直線距離で1キロ以上離れた所に位置している。

駅名の付け方には、一般にいくつかの原則のようなものがある。その一つは、利用者に分かりやすい駅名を付けることだ。上高井戸には人が多く住み、そこへやってくる人も多く、八幡山には住む人が少なく訪問者も少なければ、当然駅名を上高井戸にしたほうがいい。訪れる人も迷いにくいし、近辺に住む人も駅に愛着が湧く。だが、駅名には、八幡山が選ばれた。そこには電鉄会社の思惑や事情があった。

京王電気軌道（現・京王電鉄）は、昭和12年5月1日と9月1日の2回に分けて15カ所の駅を一斉に改称した。主な目的は沿線のイメージアップと行楽客を増やすためだった。具体的に一部を示すと以下のようになる。

停車場前駅　→　省線新宿駅前駅　　京王車庫前駅　→　桜上水駅
松沢駅　→　八幡山駅　　上高井戸駅　→　芦花公園《ろかこうえん》駅
市公園墓地前駅　→　多磨霊園駅　　関戸駅　→　聖蹟桜ヶ丘駅
百草《もぐさ》駅　→　百草園駅　　高幡駅　→　高幡不動駅
多摩川原駅　→　京王多摩川駅

停車場という古い表現が新宿駅と変わった。京王車庫前という単なる自社の施設を示す

名が、明るい印象の桜上水という名になっている。上水とは江戸時代に造られた玉川上水のことで、その土手にあった桜並木を駅名の由来とした。現在、町名として桜上水1～4丁目があるが、これは昭和41年に上北沢町2丁目などを改称したものであり、電鉄会社による造語の駅名の方が登場時期は早い。

百草は園の字を加えて、行楽に向いた地が沿線にあることを示した。高幡は不動の文字を付け足すことにより、関東三大不動の高幡不動があることも明確にした。毎月28日の縁日に訪れる人も増えたことだろう。聖蹟桜ヶ丘駅は96ページ参照。

ややこしいのは、八幡山駅と芦花公園駅である。前述のように八幡山駅が移転してきた地は、場所からいって上高井戸駅とするのがふさわしかった。だがすでに芦花公園駅が改称前に上高井戸を名乗ってしまっている。

ちょうどこの頃、文豪徳富蘆花が住んでいた旧宅が東京市に寄付され、昭和13年に蘆花恒春園という公園としてオープンすることとなった。京王としては、最寄駅に芦花公園駅という名を付けたくなる。

当時の地図で駅から芦花公園（蘆花恒春園）までの実際に歩く道筋を調べると、少しの違いだが千歳烏山駅から向かうのが距離的に一番短い。また単純に直線距離でいえば、実は八幡山駅が一番近い。しかし、そのどちらでもない駅（旧上高井戸駅）に芦花公園の名

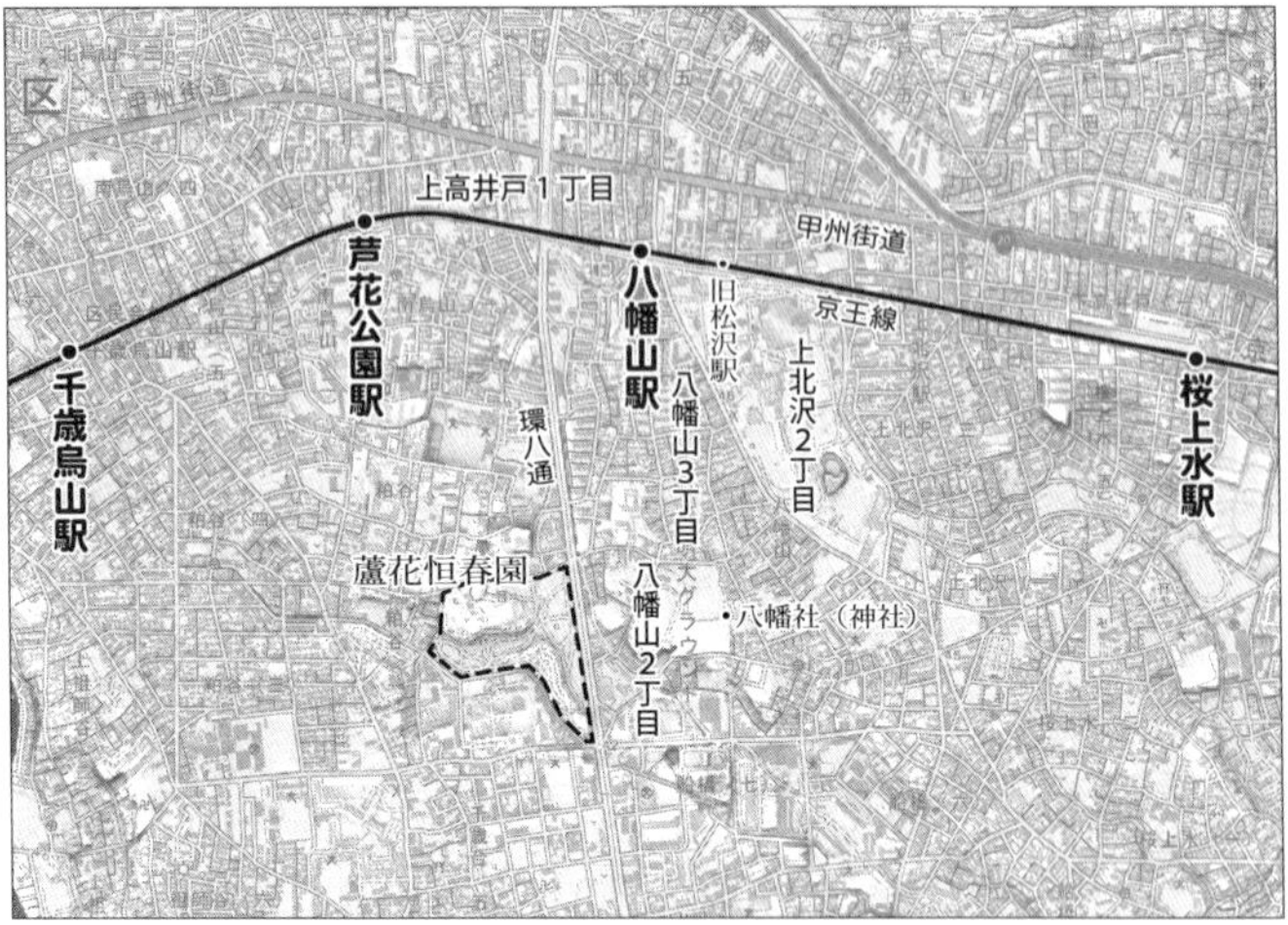

八幡山・芦花公園周辺

が付けられた。

ここから先は想像である。千歳烏山駅は、すでに昭和4年段階で烏山駅から千歳烏山駅に改称している。千歳という縁起のいい名を加えたのだし、そのまま残したい。あとは沿線の印象を良くするいい名がないか周辺を探すと、八幡社にちなむ八幡山という町名があった。これを使えばいい。すると八幡山と蘆花恒春園の位置関係からいって、新宿寄りから順に八幡山駅、芦花公園駅となる。

命名にあたって電鉄会社では、当時こんな感じだったのではないか。沿線のイメージアップのために「山」の駅名が使われたこと自体は事実である。

1-7 港区「青山」とはどこの山を指す？江戸時代の武士ゆかりの名の駅

港区の青山は、都内の「山」が付く地名の中でも、最もよく知られたものだろう。とくに南青山は、セレブが住み洗練された店が並ぶ街として都内屈指の地域である。表参道、青山霊園、神宮外苑など周辺に緑が多いのも高級感の演出に一役買っている。

一帯の地形を見ると、青山霊園のある付近が半島のような形で周囲より高くなっている。ここが青山という山だと思う人もいるようだが、青山の名は地形由来のものではなく、当地に邸宅を構えていた徳川幕府家臣、青山家に由来する。単に人の名に「山」が付いていたための「山」の地名だった。

天正18（1590）年、関東の雄として勢力を誇った北条氏が豊臣秀吉によって滅ぼされ、その領国は徳川家康に与えられた。家康は井伊直政など主だった重臣たちには関東各地の城を与え、それより低い身分の者には江戸に屋敷を与えた。この時、関東総奉行の青山忠成に下賜された地が、現在の港区青山エリアと赤坂周辺だった。忠成は家康の鷹狩の

青山周辺

お供をした際、「馬に乗って駆け尽くした限りの土地を与える」と仰せを受けた。馬の息の続く限り走らせた結果、上記の土地を屋敷として拝領されたという。数十万坪に及ぶ広大な敷地だったため、こうしたエピソードが生まれた。

その後、青山家は大名に取り立てられるが、屋敷は他の大名たちに分割されてゆく。現在の青山通りの北側に広がっていたのが、丹波篠山《ささやま》藩青山家中屋敷で、後に紀伊徳川家の屋敷となり、現在は赤坂御用地の一部になっている。現在の青山霊園の地は、分家にあたる美濃郡上《ぐじょう》藩青山家下屋敷となった。青山霊園は都心の一等地を占める広大な墓地だが、当初青山家が所有していた屋敷地はその数倍あったわけである。現在の

町名は北青山と南青山とがあり、その町内はすべて青山家のものだった。

青山一丁目駅に、駅名では珍しく「丁目」が付く理由

都内で青山の名を冠した鉄道駅に、青山一丁目駅がある。東京メトロ銀座線・半蔵門線、都営地下鉄大江戸線の駅だ。最初に開業したのは、昭和13年で、銀座線の前身・東京高速鉄道の駅としてだった。一般の鉄道駅では駅名に「丁目」が付くのは珍しいのに対し、東京の地下鉄駅には、このほかに四ツ谷三丁目駅、銀座一丁目駅、本郷三丁目駅、新宿三丁目駅など全部で八駅もある。「丁目」の付いた理由を青山一丁目駅の例で見てみよう。

同駅は青山（北青山、南青山）と赤坂（元赤坂、赤坂）の境界地点、いわば青山の端っこに位置している。青山の町域の中心に近いのは、実は隣の外苑前駅である。その隣の表参道駅と共に、当初は青山の名が付く駅名だった。

青山一丁目駅（昭和13年開業）↓そのまま改称なし
青山四丁目駅（同13年開業）↓外苑前駅（同14年改称）
青山六丁目駅（同13年開業）↓神宮前駅（同14年改称）↓表参道駅（同47年改称）

昭和14年の改称時の両駅の名を合わせると「神宮外苑」となる。絵画館や神宮球場のある明治神宮外苑は大正15年に竣工しているので、十年以上経てから駅名が改称されたこと

青山の一等地に広がる青山霊園。園内は意外に起伏に富んでいる

になる。改称の理由は、日中戦争が続く戦時下、紀元二六〇〇年を翌年に控え、急速に国家主義が強まったことも背景にあるだろう。

外苑前駅は文字通り明治神宮外苑のすぐ近くにある。一方、神宮前駅の方は明治神宮にも明治神宮外苑にも遠い。それなのに「前」と付けたのは、明治神宮の表参道が大正時代半ばに完成していて、駅の場所が表参道の入口にあたるためだろう。

青山一丁目駅の近くには赤坂離宮（現・赤坂御用地）が広がっている。同駅は「離宮前駅」などとは改称されなかった。離宮は外苑と異なり一般の者が入れるわけもなく、駅名にするには畏れ多かったためではないかと思う。ともあれ青山のはずれにあ

る青山一丁目駅だけが青山の名を冠したものとして残ることになった。

この付近の青山通りには昭和43年まで都電が走っていた。道路の上を都電が行き交い、その下を地下鉄が走行していたのである。都電は停留場の間隔が短く、青山一丁目、青山三丁目、青山四丁目、青山六丁目の停留場があった。地下鉄の駅に○○丁目というのが多いのは、都電時代からの伝統という感じも受ける。地下鉄は都電の代替でもある。

なお、青山学院大学と都立青山高校は、それぞれ渋谷区渋谷4丁目、同神宮前2丁目にあり、港区青山（北青山、南青山）の町域にはない。青山と名が付くとブランドイメージが高まるので学校の名をそのように付けたと思われるかもしれないが、両校には、青山を名乗るれっきとした資格がある。

青山学院大学は、明治16年に築地から現在地へと移転してきた。当時の校名は東京英和学校で、住所も赤坂区青山南町7丁目だった。明治22年青山南町7丁目は南豊島郡渋谷村へ編入される。同27年青山学院に校名変更、昭和3年青山南町が緑岡町に名称変更、さらに後、現在の渋谷4丁目となる。町名のほうが勝手に渋谷となったのだった。

都立青山高校も前身の府立第十五中学校が昭和15年に赤坂区青山北町に創立、昭和21年学制改革で青山高校となり、近距離だが現在地へ移転している。

青山霊園と墓地を意味する「青山」の関係

「山」に関連して、「青山」が墓地を意味することにふれておきたい。古来中国でも、樹木などが生い茂って青々としている山を「青山（せいざん）」といった。

「青山骨を埋むべし」

「人間到る所、青山あり」

これらの一節に聞き覚えがあることと思う。前者は中国北宋代の政治家で詩人の蘇軾《そしょく》（蘇東坡《そとうば》とも呼ばれる）が、投獄され最悪の事態を覚悟した際の詩の一節。「木が生い茂る青山は骨を埋めるのにいい場所だ。そうした青山は到る所にある。男子たる者、どこに骨を埋めてもいいのだ」そうした気概が込められている。

後者は、江戸末期の僧・月性《げっしょう》の詩の一節。以来諺のように語り継がれてきた。「人間」は「じんかん」とも読み、世の中の意。「青山」は蘇軾の詩の影響を受けて、ここでは骨を埋める所、墓地の意味で使っている。広い世の中、自分の骨を埋める程度の場所はどこにでもある。だから大志を抱いたら、ためらうことなくどこにでも行って全力を尽くすべきだ、との大意である。青山の意味が、青々とした山から、墓地へと変わった。青山の意味として「墓地」と辞書にも載っている。

都内でも屈指の広大な墓地である青山霊園という名は、この墓地の意の「青山」と何か関係があるのか気になって調べてみたが、やはりまったくの偶然の一致だった。青山霊園は明治5年に神式の墓地として開園、同7年に神式に限らない公営の墓地となった。東京府（後に東京市に移管）が公営墓地を造ったのは、明治初期の廃仏毀釈《はいぶつきしゃく》運動の影響による。

明治政府は天皇制を確固とするために、神道国教化の方針を打ち出した。そのため寺院の建物や仏像の打ち壊しが起きた。ここで困った問題が発生する。先祖代々の多くの墓地は寺院にあったので、埋葬するお墓が不足してしまったのである。ほぼ同時期に、谷中墓地、雑司ヶ谷墓地、染井墓地も公営の墓地として造られている。いずれも青山墓地と同じく土地の名を墓地に冠している。

このほか、人名などによる山の駅の由来を挙げておこう。

浜田山駅 【京王井の頭線。昭和8年開業】

江戸商人浜田屋の持ち山があったことによる。善福寺川と神田川に囲まれた台地が続く場所に駅がある。

平山城址公園駅《ひらやまじょうしこうえん》 【京王電鉄京王線、大正14年平山駅として開業、昭和30年現駅名に改称】

駅のある日野市平山一帯は、鎌倉時代の武蔵七党の一つから出た平山氏の居住地とされる。平山城址公園には源義経に従って戦功をあげた平山季重《すえしげ》を祀る季重神社がある。

1-8

久我山、富士見ヶ丘、三鷹台「山」「丘」「台」の駅が続く谷

「山」の名が付きながら駅自体は低い土地にある例として、京王井の頭線久我山《くがやま》駅を取り上げたい。久我といえば、公家・華族の家格として名高い久我家を思い出す。私は久我家の山があった場所だと漠然と思いこんでいたが、そうではなかった。地名の「クガ」とは空閑地《くうかんち》や陸地のことを示す。

久我山駅（昭和8年開業）は、神田川の谷にある。駅の南側の台地（久我山3丁目など）がかつて山林（空閑地）で、久我山と呼ばれていた。現在久我山の町名は、駅をはさんで南北両側の台地へと拡大している。現在はどちらももちろんクガ（空閑）の地はほとんどない。

江戸時代、付近に立札場があり、その文面に、

「このあたりに来て農業に勤めるものは、たとえ重罪で捕まった者でも、その罪を許される」

とあった。付近に玉川上水が引かれ、原野だったクガの地を開発するための措置だった。

玉川上水は江戸幕府が開かれて50年後の1653年、江戸の町への飲料水の供給と武蔵野の新田開発のために造られた水路である。奥多摩渓谷の入口にあたる羽村取水堰《せき》で多摩川から水を取り入れ、四谷大木戸まで長さ43キロにわたり掘削して造り上げた。

久我山付近は、神田川と玉川上水が近くを並行して流れている。そのため両水路の標高差を実感しやすい。玉川上水が流れる台地は、神田川より約5メートルも標高が高い。実際に歩いていると、神田川の橋を渡り、二階建ての民家を見下ろすくらい坂道を登った所でまた川（玉川上水）に出合う。これはかなり奇異な感じを受ける。通常の自然河川どうしなら、まずこういうことは起こらない。自然河川（この場合神田川）が谷を流れるのに対し、人工河川（玉川上水）は台地の尾根筋に造られているためである。尾根伝いに水路を引けば、水路の高さ（標高）を維持できて水を流しやすいし、両岸側に枝分かれさせて支流（分水という）を流し落とせる。

武蔵野台地は概して井戸を掘ってもなかなか水脈に達せず水に不自由した地域なので、人が定住しにくかった。玉川上水の分水の恩恵が受けられる一帯は、生活用水に不自由することがなくなって集落もできていった。林が切り開かれ新田開発も進んでいった。

上記の地図では、井の頭線が神田川の谷に沿って走り、富士見ヶ丘駅、久我山駅、三鷹

久我山・富士見ヶ丘・三鷹台

台駅ともに谷に位置しているのが分かる。線路の両側に駅名の由来となる丘や台地がある。この三駅は、「丘」「山」「台」と高い所を示す三種の文字が連続していて珍しい。駅を降りると右に行っても左に行っても坂を登ることとなり、「丘」「山」「台」の付く駅名にも違和感を抱きにくい。

富士見ヶ丘や三鷹台は町名にはない駅名である。次章で述べるが、「山」が付く久我山は昔からの地名だが、「台」と「丘」の付くこの二つの駅に関しては、駅名として造語なのも示唆に富んでいる。

●富士見ヶ丘駅 〔京王井の頭線、昭和8年開業〕

開業当時は駅周辺の台地から富士山が見えたためといわれる。

井の頭線三鷹台駅付近。電車は丘を左右に見ながら神田川の谷沿いを進む

三鷹台駅 〔京王井の頭線、昭和8年開業〕

渋谷方面から来た場合、高井戸町（当時）から三鷹村へ入った所にある駅のための命名と思われる。三鷹の由来は、①江戸時代に鷹狩用の鷹を訓練する場である御鷹場が三カ所あったから ②御鷹場の碑が三カ所にあったから ③御鷹場の御を「み」と発音して「みたか」となった、などがある。

高井戸、井の頭、荻窪の由来

前ページの地図では、神田川の水源が井の頭公園の池だということが分かり、荻窪駅の語源となった「荻の生えた窪地（低地）」が善福寺川の低地だという点も見てとれる。

付近の高井戸駅と井の頭公園駅も由来を

記しておこう。

高井戸駅　〔京王井の頭線、昭和8年開業〕

甲州街道の宿場だった高井戸宿に由来する。宿場は上宿と下宿に分かれていた。高井戸駅の開業より20年も前の大正2年、上宿の近くに京王電気軌道（現・京王本線）により上高井戸駅（現・芦花公園駅）、下宿の近くには下高井戸駅ができた。当時は別会社だった帝都電鉄（現在は合併して京王電鉄）井の頭線が、高井戸下宿へ1キロ以上、高井戸上宿へなら2キロ以上離れた地に駅を作り、駅名を高井戸駅と付けた。駅は住所上では高井戸町内に位置したものの、意表を衝いたというか厚顔というか、掟破りと思えるネーミングを行った。

高井戸の由来は、武蔵野台地のこの付近は井戸を掘ってもなかなか水が出ず、「掘兼の井戸」（ほりかねる＝掘るのが難しい）と呼ばれた。そうした特徴的な井戸が高い所に位置したため、高井戸となったなど諸説ある。

井の頭公園駅　〔京王井の頭線、昭和8年開業〕

井の頭公園内の池中に7カ所の湧泉があることから七井の池、または井の頭池と呼ばれていた。江戸時代初期頃、自然河川の神田川を神田上水として整備して江戸に暮らす人々の飲料水とした。井の頭は、三代将軍徳川家光の命名との説がある。鷹狩で同地を訪れた際、茶の湯に使った井戸の水を褒め、水辺の木に小刀で「井頭」（優れた井戸の意か）と彫ったためという。

第2章

「山」の付いた駅名〈考察編〉どういう経緯でその「山」に？

2-1 「道灌山駅」「おとめ山駅」になってもよかった手抜き命名の西日暮里駅と愚直すぎる下落合駅

山手線・京浜東北線西日暮里《にしにっぽり》駅ホームに立つと、西側は見上げるような崖となっている。崖上は西日暮里公園となり、台地は線路に沿って南北に続いていて、そこには進学校として名高い開成中学・高校などがある。

この周辺の崖上は、江戸時代、道灌山《どうかんやま》と呼ばれていた。西に富士山、東に筑波山と両方共がよく見える珍しい場所として庶民の行楽地ともなっていた。なぜ同じ場所から両方が見えたかというと、台地の東西の幅が数十メートルしかない極端に細長い地形だったからである。秋には虫の音を聞く名所としても名高く、王子駅近くの飛鳥山には鈴虫が多かったのに対し、道灌山は松虫が多かったという。明治時代、ここを訪れた正岡子規が、「山も無き武蔵野の原をながめけり車立てたる道灌山の上」との短歌を残している。現在、山はビルに隠れて見えなくなったが、町並みを見下ろせることに変わりはない。道灌山の語源は、江戸城を居城とする太田道灌の砦城があったためともいわれる。

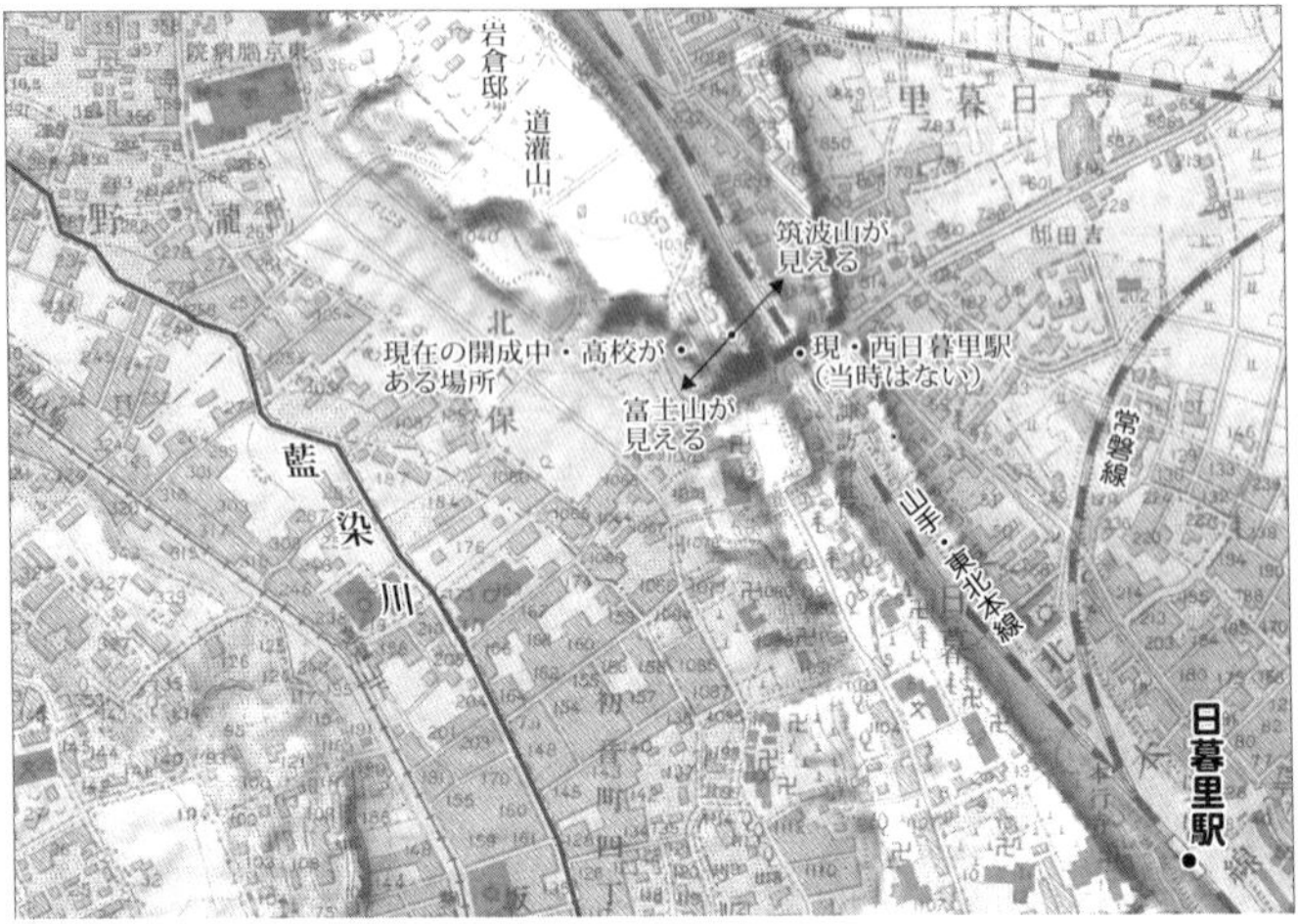

大正５年頃の西日暮里・道灌山周辺（大正５年修正測図１万分１地形図に、カシミール3D＋スーパー地形で標高データを合成）

これだけ由緒の深い山が、西日暮里駅の目の前にある。道灌山という名のイメージがいいせいか、付近のマンションなどには、道灌山を冠したものも数多くある。

同駅の歴史は他の山手線の駅に比べて浅い。昭和44年、まず営団地下鉄（現・東京メトロ）千代田線の西日暮里駅が山手・京浜東北線と交差する所にできた。その二年後に千代田線への乗り換えの便を図って山手・京浜東北線の新駅として西日暮里駅が開業している。

日暮里駅の名称は「日暮の里」（１４６ページ参照）として趣があるが、それに「西」を付けただけの駅名は無粋に思える。駅の開業順からいえば、営団地下鉄に責任があるといえるが、ＪＲ（当時は国鉄）西

おとめ山公園東側に広がる高台の住宅地。下落合という町名に違和感を抱く地だ

日暮里駅が開業する時に、地下鉄駅も含めて「道灌山駅」と改称してもよかったのではないか。営団（帝都高速度交通営団）ではなく、東急電鉄や京王電鉄といった「山」好きな会社なら、迷うことなく「道灌山駅」としたのではないだろうか。

なお、京成本線日暮里―新三河島間に昭和9年から22年まで道灌山通《どおり》という駅が存在した。

同じ地形なのに、かたや緑が丘駅、一方は下落合駅

同じくもう一カ所指摘したくなるのが、西武新宿線下落合駅である。序章でふれたように同駅も、もし東急や京王だったら「おとめ山駅」としたのではと思えてなら

高田馬場・おとめ山・下落合

ない。山手線ターミナルの高田馬場駅から一つ目の駅で、通うのに便利な大学が多い立地である。「おとめ山駅」と名付けていたら、今よりずっと学生が住むのに人気の地になっていたのではないだろうか。

場所はまさに「落合」という立地にある。神田川と妙正寺《みょうしょうじ》川が合流する（落ち合う）地点で、こうした場所に落合という地名が付けられた例は数多い。

駅のすぐ北側に目白台の高台が続き、駅の北東500メートルの所に、おとめ山公園がある。おとめとは乙女ではなく御留。江戸時代、この付近は徳川家の狩猟地で、立入禁止（御留）とされていたことにちなむ。明治時代以後は近衛公爵邸（現・日立目白クラブ、目白ヶ丘教会など）、相馬子

爵邸（旧陸奥中村藩、現・おとめ山公園など）といった大きなお屋敷が南向きの高台に広がっていた。

現在の下落合駅は、川の合流点より上流にある。それなのになぜ下流を示す「下」落合というのかと不思議に思い昭和初期の地図帳を開いてみた。昭和2年駅開業当時、駅は現在よりも300メートルほど東側（高田馬場寄り、合流点の下流）に位置していた。駅名は地形どおりだったわけである。今よりずっとおとめ山公園の近くなので、まさに「おとめ山駅」でも問題はなかったはずである。地名や駅名には当て字が使われることもあるので、この際、「乙女山駅」または「山」も省略して「乙女駅」としてもよかっただろう。ちなみに長野県のJR小海線には乙女駅がある。これは大正4年に私鉄の佐久鉄道により開業した駅で、後に国有化され小海線の駅となっている。

「おとめ山駅」になぜこだわるのかというと、東急大井町線緑が丘駅付近の地形が、下落合駅のそれとよく似ているためである。呑川とその支流の九品仏川（現在は暗渠となり緑道）が落ち合う所に駅がある。前述のように開業当初は中丸山という駅名だったのを緑ヶ丘に改称した。仮定の話ばかりで恐縮だが、東急と西武の経営者が逆だったら、緑が丘駅が「上落合駅」（合流点の少し上流にある）、下落合駅がおとめ山駅となったことだろう。だとすると双方の駅とも、駅周辺の環境は少し変わっていたように思える。

2-2 東京近郊（都外）での○○山 民間人の名が付く超異例の南武線津田山駅

これまで述べてきたように、都内のＪＲの駅には「山」の名がなく、私鉄・地下鉄の駅には「山」の名が多かった。それでは序章の最後で述べたように、都内に限らず東京近郊（ＪＲは「東京の電車特定区間」。東は千葉、北は取手と大宮、西は高尾、大船まで。大手私鉄は全路線、準大手の新京成も含む、以下同）までエリアを広げてみるとどうなるだろうか。結果は以下のとおりである。

「山」の付く駅東京周辺（都内を除く）

〈ＪＲ路線〉

南武線…津田山（日本ヒューム管前を昭和19年改称）

横浜線…中山　根岸線…山手

武蔵野線…南流山　総武本線…下総中山

〈私鉄・地下鉄〉

東急…大倉山（東横線）
小田急…栢山《かやま》（小田原線）
西武…狭山市、新狭山（新宿線）、狭山ヶ丘、稲荷山公園（池袋線）、天覧山（池袋線・廃止）、下山口（狭山線）
東武…東松山、武蔵嵐山《らんざん》（東上本線）、流山おおたかの森（野田線）、樅山《もみやま》（日光線）
京成…京成中山、東中山
新京成…元山、くぬぎ山
東京メトロ…原木中山《ばらきなかやま》（東西線）　横浜市営地下鉄…中山（JR横浜線）
京急…なし　相鉄…なし

JRの場合、都内では「山」の付く駅名はゼロだったが、都外では五つの駅が登場してきた。だが私鉄に比べるとやはり数が少ない。

私鉄では、小高い山の名（天覧山駅）、丘の所有者の名（大倉山駅）、観光地化を狙って付けたもの（武蔵嵐山駅）、まったくの平地だが古代からの地名と推定されるもの（栢山駅）など様々である。

そのほか目立つことは、千葉県市川市内に下総中山、京成中山、東中山、原木中山と四つの中山駅があることだろうか。昭和9年に近隣町村と合併して市川市になる前は中山町

が存在した。同地に中山法華経寺があることに由来する。中山競馬場があることでよく耳にする地名でもある。まぎらわしいが、JRの中山駅（横浜線）は私鉄の横浜鉄道として開業し、後に国有化されたものである。

閑静な住宅地、津田山を開発した津田興二

JRの「山」が付く駅で非常に特異な例が、南武線津田山駅である。「官」の鉄道が、ほぼ同時代の実業家（民間人）の名の付いた山を駅名とした。しかも買収国有化する際、別の駅名だったものをわざわざこの名へと変えている。国有鉄道の慣例を知る者からすれば、驚くべきというか、あってはならぬ命名である。その歴史を順に追ってみよう。

現・JR南武線川崎―立川間は、私鉄の南武鉄道として昭和4年に全通した。同16年に鉄筋コンクリート管の製造会社、日本ヒューム管の工場が駅前に移転してきた。それに合わせて新しく駅を開設し、日本ヒューム管前駅と名付けた。同19年、南武鉄道が国有化された際、民間会社の名が付く駅名はふさわしくないためか、津田山駅へと改称された。

同駅の東側に比較的規模の大きな丘があり、古くから七面山と呼ばれていた。玉川電気鉄道の社長、津田興二がここの宅地開発を手がけたことから津田山と呼ばれるようになっていた。津田が自分で名付けたともいわれる。

津田山駅前付近。背後の丘に津田山の住宅地が広がっている

玉川電気鉄道は、路面電車の形で明治40年渋谷―玉川（現・二子玉川駅に隣接）間を開業させている。「玉電」として昭和44年の廃止まで親しまれた路線である。昭和2年には多摩川を越えて南武鉄道との乗換え駅となる溝ノ口駅まで延伸させた。日本ヒューム管駅ができる前、津田山の最寄は溝ノ口駅だった。津田山に移り住んだ新住民は、通勤などの際、玉電で渋谷方面へ向かうことが期待された。津田山の開発は、玉川電気鉄道の沿線開発の一環として行われたのである。

津田興二は明治42年から昭和3年まで社長を務め、鉄道事業のほか沿線への電力供給事業、遊園地、プールの建設や多摩川への行楽客の旅客誘致など積極的に事業展開

を行った。同社はその後昭和13年に東京横浜電鉄（現・東急）に合併される。東急電鉄の『社史』は、自社が合併した池上電気鉄道（現・池上線）や玉川電気鉄道の経営者を、「消極的経営」などと、ほとんど悪しざまに述べているのが特徴的だが、津田興二に対してだけは、その業績を賞賛している。

現在、津田山駅前から工場（現・日本ヒューム）は移転していて、その跡地は、大規模スポーツ施設やスーパー、下作延小学校などになっている。駅前はやや雑然としているが、東側の丘（津田山）の上へと向かうに連れて閑静な住宅地となっていく。登りきると行く手は崖になり、さらに先は多摩川の低地が広がる。

津田興二

ＪＲの駅名で近代以降の人名を付けた例として東京周辺では、鶴見線の浅野駅、安善駅、武蔵白石駅、大川駅がよく知られる。浅野財閥の浅野総一郎や安田財閥の安田善次郎などにちなむ。だがこれらは同線が私鉄の鶴見臨港鉄道時代に名付けられたものである（安善駅は当初安善通駅）。津田山駅の場合は、国鉄が名付けた。そうした視点で津田山駅に下り立つと、また違った印象を抱くだろう。

2-3 関西の○○山駅の現状　東急の五島慶太は、阪急の小林一三の真似をしなかった!?

ＪＲと私鉄とで「山」の付く駅に関して異なるこの傾向が、東京周辺だけなのか、他の地域でも同じなのか気になってくる。東京と同じように私鉄網が発達している関西圏ではどうなっているだろうか。

東急グループの創始者、五島慶太は、鉄道会社の経営手法を阪急東宝グループの創始者、小林一三《いちぞう》に学んでいる。その経営手法とは、鉄道敷設と共に沿線の宅地開発、流通事業を一体化して進め、相乗効果をもたらすビジネスモデルの確立である。先に述べた田園調布での田園都市の創出なども阪急（当時は箕面有馬電気軌道など）の例を手本としている。

もしかしたら、○○山駅、○○ヶ丘駅などの命名は、阪急電鉄など関西の私鉄で最初に行われて、それを東京にも敷衍《ふえん》したのかも……と思い、関西のこうした駅名の有無を調べてみた。

結論からいうと、その想像は間違っていた。

京阪神地区での J R 線で○○山という駅は、摂津本山（東海道本線）、平城山《ならやま》、郡山（関西本線）、信太山《しのだやま》（阪和線）、嵯峨嵐山（山陰本線）、桃山（奈良線）

以上六つの駅だけである。（範囲は、J R 西が定める「大阪の電車特定区間」とした。おおざっぱにいうと、京都駅、奈良駅より西、西明石駅、和歌山駅より東の京阪神地域周辺である。それに奈良線及び京都盆地内の山陰本線を加えた。山崎駅など○○山でない「山」が付く駅名は除いている）

このうち歴史が古い郡山駅、桃山駅、信太山駅はいずれも私鉄の駅として誕生、命名されている。郡山駅は大阪鉄道により明治23年、桃山駅は奈良鉄道により同28年、信太山駅は阪和電気鉄道により昭和4年に開業した。いずれも後に買収・国有化され、国鉄関西本線、奈良線、阪和線の駅となる。

郡山の地名は、古代の律令制で定められた郡に由来する。歴史深い地名であり、当然のように駅名に採用されたように思える。摂津本山駅は昭和10年に国鉄駅として開業。この頃には「山」が付くことに抵抗感が薄れていたのだろうか。平城山駅は、国鉄がＪＲへと変わる二年前の昭和60年に開業。丘陵地帯に広がる平城ニュータウンの最寄駅で、典型的なイメージ優先の駅名といえる。嵯峨嵐山駅については後述する。

結局、大阪周辺のＪＲ駅でも、いわゆる○○山駅として国鉄が開業させた駅はほとんどないことになる。

浅香山駅から「山」の字が取れた理由

ＪＲ阪和線に、この件で示唆的な駅がある。

阪和浅香山駅（昭和12年）→山手浅香山駅（同15年）→浅香駅（同19年）

開業時から駅名がこのように改称されてきた。最後に「山」の字が取れている。

最初は私鉄の阪和電気鉄道の駅として開業した。すでに近くに大阪高野鉄道（現・南海高野線）の浅香山駅（大正４年開業）があったので、浅香山の頭に阪和の文字をつけている。同社が南海鉄道（南海電鉄の前身）に合併された時に、「阪和」を取り「山手」を加えた。私鉄どうしで会社が変わったこの時は、「浅香山」部分はそのままである。その後国有化されて国鉄阪和線となった時に、「山手」と「山」と、両方はずして「浅香」だけにしている。「山」を嫌う「官」の気風がこうさせたように思える。

実際に地図を見ると、南海の浅香山駅とＪＲ阪和線の間に小高い土地がある。南北朝時代に南朝方の武将・浅香右近将監宗勝がこの地に築城したことから、周辺の丘陵地を浅香

山と呼ぶようになったという（南海電鉄ウェブサイトより）。

国有化した時に山手浅香山駅を「国鉄浅香山駅」とすれば他線と見分けがついていいのだが、国鉄〇〇駅とか省線〇〇駅と名付ける例がなかった（『停車場変遷大事典』駅名索引）ためか、そうしなかった。当時の国有鉄道は国（運輸通信省）の有する鉄道なので、同省が南海に指導して浅香山駅を南海浅香山駅と変えさせることもできたろうが、そうもしていない。駅名を変えるのは南海の方でも手間がかかり嫌だろう。幸い国鉄は山の名を嫌って（避けて）きたので、「山」を取って「浅香」とだければ南海と差別化ができ、南海側も変えなくてすむ。山手浅香山駅を浅香駅とする改称は、偶然かもしれないが、お互いまるくおさまるものとなった。

京阪神の私鉄での「山」が付く駅

私鉄の方では「山」が付く駅は東京周辺ほどではないが、それなりの数がある。京阪神地区（JRの「大阪電車特定区間」、周辺の主な私鉄線、市営地下鉄）で列挙してみよう。
阪急…千里山（千里線）、嵐山（嵐山線）、西山天王山（京都本線）
京阪…御殿山、伏見桃山（本線）、桃山南口（宇治線）
京福…嵐山（嵐山本線）

京都市営地下鉄…北山（烏丸線）、東山（東西線）
近鉄…信貴山下《しぎさんした》、東山（生駒線）、築山（大阪線）、二上山（南大阪線）、信貴山口（信貴線）、瓢箪山《ひょうたんやま》（奈良線）、桃山御陵前（京都線）、近鉄郡山（橿原線）
南海…帝塚山《てづかやま》、浅香山、狭山（高野線）
山陽…月見山（本線）
神戸電鉄…丸山、花山（有馬線）
神戸市営地下鉄…大倉山（西神・山手線）
阪神…なし　阪堺…帝塚山三丁目・同四丁目
大阪市営地下鉄…なし　北大阪急行…桃山台　泉北高速…なし

京都嵯峨野の景勝地として名高い嵐山は、阪急と京福の二つの駅に用いられている。JRでも山陰本線に嵯峨嵐山駅があるが、これは平成6年になって嵯峨駅を改称して生まれたものである。国鉄が民営化されてJRとなり、観光客誘致に力を入れ始めたことが背景にある。阪急や京福を使わなくても、嵐山へは京都駅から乗り換えなしで行けることを広く示す狙いである。逆にいえば、それ以前、本来「○○山」駅と付けるのがふさわしい立地の駅は嵐山のほかにもいろいろとあったのだが、旧国鉄があえて山の命名を避けてきたことの実例といえるのではないだろうか。

2-4 大正時代に分岐点がある!? 最初に○○山駅と付けたのは何駅か

ＪＲにはなぜ「山」が付く駅が少ないのか、もう少し掘り下げてみたい。ここで検討したいのは、駅名決定の年代である

ＪＲの前身は国有鉄道（国鉄）である。明治時代には官営鉄道ともいった。ＪＲ路線は、私鉄よりも開業時期が古い路線が多い。多くが明治時代に開通しているのに対し、私鉄のほとんどが大正時代以降の開通である。それに着目すると、「山」が付く駅の多い少ないは、ＪＲか私鉄かの問題ではなく、開業した時期によるのかもしれない。

具体的にＪＲ路線を見ると、東海道本線、東北本線、常磐線、総武本線といった幹線や山手線、中央線は、ほとんどの区間が明治時代の開通である。都心から離れた幹線以外の路線では青梅線（立川―日向和田）が明治時代、鶴見線（一部）、五日市線が大正時代、南武線、根岸線（桜木町―大船）、武蔵野線、京葉線などが昭和以降の開通となる。

一方現在の大手私鉄路線は、明治時代開業の路線はごく少ない。東武鉄道伊勢崎線、佐

野線、亀戸線、京急本線、空港線、大師線、西武国分寺線、新宿線の全線または一部区間が明治時代の開業だが、それ以外の路線は大正時代以降に開通している。地下鉄はすべて昭和以降の開通で、東京メトロ銀座線を除けばすべて戦後の開業である。

もう一つ重要な点がある。東海道本線は明治5年の新橋―横浜間の開通当初から官営鉄道だったが、山手線は日本鉄道という私鉄、中央線は甲武鉄道という私鉄により開業し、それぞれ明治39年に買収・国有化された路線である。東北本線、常磐線、高崎線も日本鉄道を同時期に国有化した路線、総武本線も私鉄の総武鉄道を国有化した路線である。幹線以外、青梅線、五日市線、南武線、鶴見線も戦時中の昭和18～19年に国有化されたものだ。これらのほとんどの駅名は、私鉄時代に付けられたものから変わっていない。ということは、少なくとも明治時代後半くらいまでは、国有鉄道だけでなく私鉄も、「山」が付く駅名を付けなかったこととなる。

「山」が付く駅を古い順に整理してみよう。JRの場合いずれも都外で東京近郊の駅である。

JR

1番目　下総中山（明治28年私鉄の総武鉄道中山駅として開業。同40年国有化、後に総武本線と命名、大正4年現駅名に改称）

2番目　中山（明治41年私鉄の横浜鉄道として開業、同43年鉄道院借入、大正6年国鉄横浜線に）
3番目　津田山（前述、昭和19年に現駅名に改称）
4番目　山手（昭和39年国鉄根岸線として開業）
5番目　南流山（昭和48年国鉄武蔵野線として開業）

トップ2に中山駅が並んでしまった。後述する私鉄の2番目も中山駅である。下総中山駅と京成中山駅は前述のとおり寺院の名からの命名。

JR2番目の横浜線中山駅は、中山町の隣りとなる寺山町に位置している。「寺山」とせず「中山」とした理由は不明。中山町の名の由来は、村の中央部が丘陵になっているところから「中山」と呼ばれるようになった。

大手私鉄・地下鉄
1番目　千歳烏山（大正2年烏山駅として開業、昭和4年現駅名に改称）
2番目　京成中山（大正4年中山駅として開業、昭和6年現駅名に改称）
3番目　武蔵小山（大正12年3月11日小山駅として開業　同13年現駅名に改称）
3番目　大岡山（大正12年3月11日開業）

5番目　御嶽山（大正12年5月御嶽山前駅として開業、昭和8年現駅名に改称）
6番目　東松山（大正12年10月武州松山駅として開業、昭和29年現駅名に改称）
7番目　代官山（昭和2年開業）

（現・狭山ヶ丘駅が大正4年4月から同年8月まで元狭山駅だった記録があるが、短期間なので上記順位には含めなかった）

私鉄の方は大正時代から「○○山」という駅名が現れ、昭和の戦前、戦後も変わらずに出現している。少し分かりづらくて恐縮だが、

・東京都内の「山」が付く駅リスト…14ページ
・東京近郊（都外）で「山」が付く駅リスト…63ページ

この両リストのなかで、上記1番目千歳烏山駅から6番目の東松山駅までを除いた駅が昭和になってから出現した「山」の付く駅である。

明治時代は○○山駅の命名を避けていた!?

○○山駅など「山」が付く駅名は、「丘」や「台」の付く駅がイメージ優先のものが多いのと異なり、昔からの地名や神社名を駅名としたら偶然「山」の字が付いていたというものが多い。

西日暮里駅北側の道灌山からの眺め。下に山手・京浜東北線や新幹線が走る

「民」の鉄道は、適した名称があれば、躊躇なく（と思われる）「山」が付く名を駅名としたが、「官」の鉄道は、「山」の地名があってもそれを駅名となかなかしなかった。結果としてそのように思えてならない。

たとえば、先に西日暮里駅は「道灌山駅」と名乗るのがふさわしいと述べた。だが、昭和の戦後に開業した西日暮里駅に対してでなくても、明治時代に開業した日暮里駅か田端駅に道灌山の名称を与えても位置関係からしておかしくなかった。しかしそうはしなかった。王子駅も、駅前にある飛鳥山を駅名とした方が、多くの人にとって場所が分かりやすかったはずである。昭和に入って新たに開通した国鉄路線も、駅名に「山」が付くことは非常に少なかった。

以上のことから、東京周辺の鉄道について、次のことがいえそうである。

・明治時代後期までは、「官」の鉄道も「民」の鉄道も駅名に「山」を付けるのを避けていた。

・大正時代以降、「民」の鉄道は、〇〇山など駅名に積極的に「山」を付けだした。しかし「官」の鉄道は依然として「山」を付けるのを避けていた。

・東京都内のＪＲ駅には、今でも〇〇山駅は存在せず、東京近郊でもそれは数少ない。

・関西では〇〇山駅は、比較的少ない。

これらのことは、何を意味するのか。次章で丘や台などの例を挙げながら考えてみたい。

第3章

実は低地にも多かった!? 「丘」「台」駅名いろいろ

3-1 小田急線VS京王線　ライバル同士の違いは、谷と尾根の関係にあった

もう十数年前のことだが、小田急線代々木上原に住む友人が、たしかこんなことを言っていた。

「小田急線の駅の商店街は線路に並行して延びているのに、京王線の商店街は線路に直角に延びている」

どのあたりの駅のことを指して言ったのか、もう忘れてしまった。当てはまる駅はそんなに多くない気もする。だがこの言葉は妙に私の心に残った。両私鉄には、何か決定的な相異があり、それを示すヒントのように感じたのである。

両鉄道の違いはいくつもある。小田急にはロマンスカーという豪華特急が走っているのに、京王にはそうした電車はない。線路の幅が、小田急はJRと同じ1067ミリ（狭軌）なのに対し、京王は都電と同じでJRより広く1372ミリである。京王が新宿付近では地下を進み、ほぼ直線区間でスピードを出して走るのに対し、小田急は新宿付近で妙

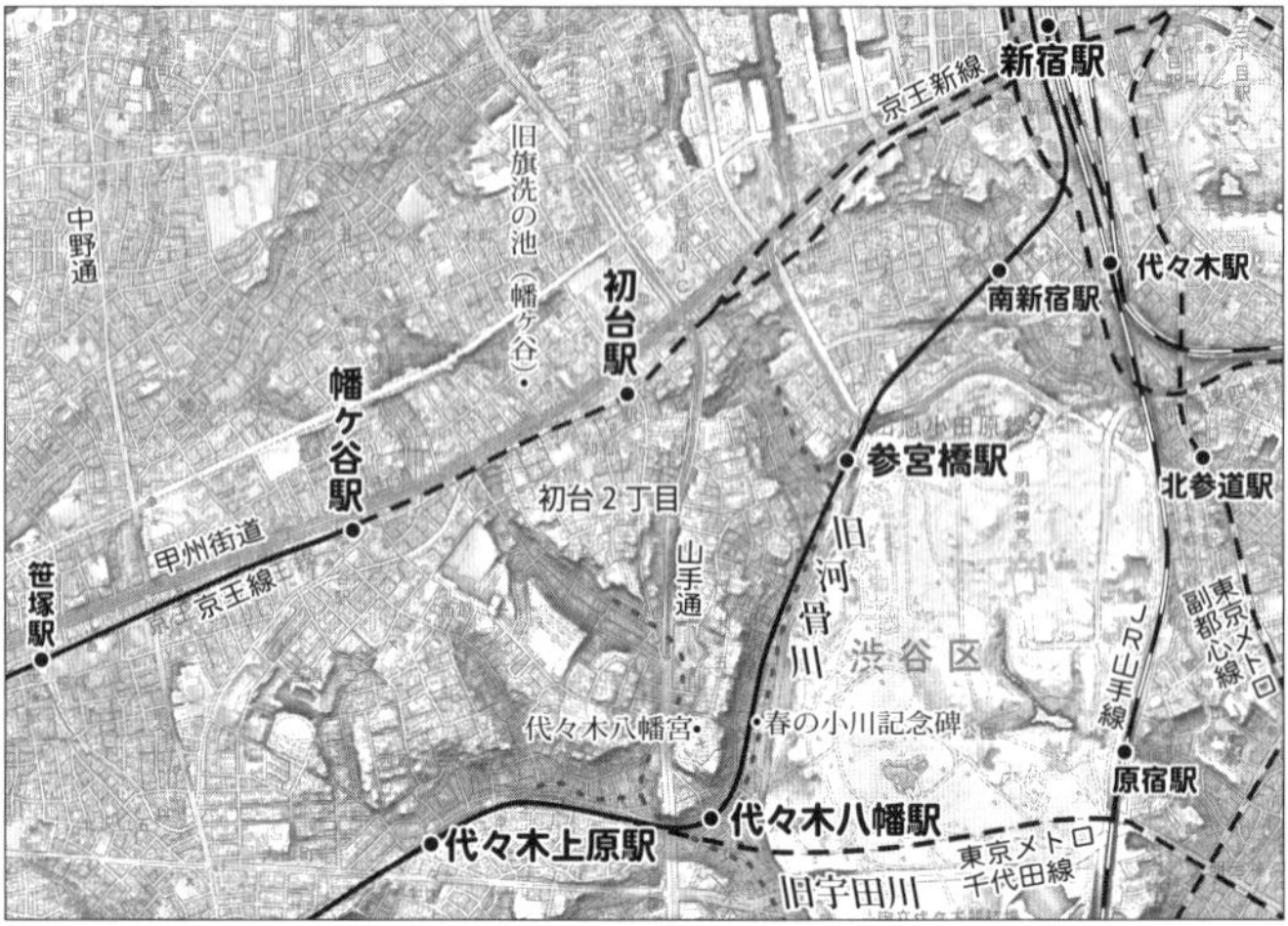

新宿付近、谷を進む小田急線と尾根筋を進む京王線

にカーブが多く、特急も車輪を軋ませながらゆっくり進むといった違いもある。

ある時、凸凹地図を見ていて、両路線の決定的な違いを見つけた気がした。

新宿付近で、京王は尾根筋を進むのに対し、小田急は、谷に沿ってくねくねと進むのである！　京王は新宿付近を過ぎても、甲州街道に沿って桜上水駅付近まで、尾根筋をきれいにはみ出すことなく走る。小田急の方は、代々木上原駅付近で谷と離れた後もまた、丘あり谷ありの地を突き進む。そんなのたいした違いじゃない、と思う人もいるかもしれないが、その時なぜか直観的に、これはいろいろな意味を含んでいると感じた。

上記地図で、地形そのものと、地形の付

く駅名を追いながら見ていこう。京王線は新宿駅付近が地下化されていて車窓から地形が実感できないのが残念だが、地図では東西に続く尾根筋に敷設されているのが分かる。昭和30年代後半に地下化される前は、甲州街道の路上やそのすぐ南側を走っていた。敷設の主な目的が甲州街道沿いの集落間を行き来する人たちの輸送だったためである。京王線が尾根筋を走るのは、そもそも江戸時代に整備された甲州街道が尾根伝いに造られていたからというわけだ。この尾根筋に沿って、玉川上水も造られている。

新宿駅を出て最初の駅は初台駅。尾根沿い「台地」の最初にある駅だから初台駅かと早合点しそうだが、江戸時代の「初台の局《つぼね》」による地名との説が有力という。

●初台駅【京王電鉄京王線、大正3年改正橋駅として開業、同8年現駅名に改称】

徳川家康の厚い信を得ていた土井利勝の弟（異説あり）、土井昌勝の妻は、家康の子、秀忠の乳母となり、「初台の局」と呼ばれた。彼女が当時の代々木村に二百石の知行地を賜り、晩年そこに隠居したことにより、この地が初台と呼ばれるようになったという。

だがこの説では、初台の局がなぜそういう名になったかが示されていない。異説として、現在の初台駅の南側、代々木八幡宮方面へと続く台地に江戸城を防衛する一の砦、すなわち西からの敵に備える「初めて」の砦が築かれたので、初台と呼ばれるというものもある。いい城には、わざと一つ弱点が設けられているといわれる。敵はそこを狙うだろうから、

小田急線参宮橋ー代々木八幡間、「春の小川歌碑」。線路沿いの小道が河骨川跡

守りをそこに集中させればいいからである。江戸城の弱点は、武蔵野台地を西から東へ、江戸城まで続く一筋の尾根の存在だとみなされていた。甲州街道は新宿から東、江戸城の半蔵門までも、この尾根伝いに続いていた。そのため沿線の四ツ谷付近には有力大名の井伊家や紀州徳川家、尾張徳川家の屋敷を配し敵に備えている。そうした意味では初台の地に一の砦を築いたのも理にかなっているので、この説も興味深い。

次の幡ヶ谷駅は、私鉄としては珍しく「谷」の付く駅である。初台駅から幡ヶ谷駅にかけて南側に谷が入り組んでいるので、幡ヶ谷とはどこの谷だろうかと探してみると、それは、甲州街道の北側にあった。

幡ヶ谷駅 〔京王電鉄京王線、大正2年開業〕

後三年の役（1083年）の後、源義家がこの地の池で白旗を洗ったことによるという。池は後に唐津藩主小笠原家の邸内となったが、昭和の戦後にビル建設のため埋められてしまった。

幡ヶ谷の由来である谷は、谷というよりちょっとした窪地程度のものである。駅が尾根筋の高い所にあり、駅名の由来の地が低い窪地にあるという立地である。私鉄駅の命名には、「山」や「丘」、「台」が好まれるので、台地にあるのに「谷」の名を付けた幡ヶ谷駅の例は珍しい。こうした例外的命名がなされたのは、源氏の人気によるものかもしれない。

京王と小田急にある鉄道版の世代間ギャップ

一方、小田急線の方は、新宿駅を出て現在の代々木公園西側、河骨川《こうほねがわ》という小川の谷を南下していく。線路と別れてこの川をそのまま下っていくと、渋谷駅東口付近で渋谷川と合流する。線路は代々木八幡駅で西に向きを変えて今度は別の谷を遡っていき、代々木上原駅で谷の奥に突き当たり台地上へと出る。駅の南側の台地が上原の地である。「原」は平らで集落のそばの原野を表すという（『地名の由来事典』）。

京王線は新宿（新宿追分）―調布間が大正2（1913）～4年に順次開通したのに対し、小田急線の新宿―小田原間の開通は全線同時の昭和2（1927）年である。京王線

の沿線が開通前から甲州街道沿いに多数の集落があったのに対し、小田急線沿線は、新宿付近でも人家がまばらだった。南新宿駅から代々木八幡駅を経て代々木上原駅までの谷沿いなど、大正時代の地図を開くと一面の水田となっている。

京王線と小田急線の開通は、約15年しか違わない。だがこの差はとても大きな意味をもつ。その間、大正12年に関東大震災が起きた。東京の下町は焼野原となり郊外へと移住が進んだ。小田急線はベッドタウン開発が始まった郊外と都心とを結ぶ路線として計画され開通した。当初は沿線に人があまり住んでいない区間があったわけである。

代々木八幡駅付近の河骨川は、文部省唱歌「春の小川」のモデルになった地として知られる。開通当初、田んぼの中をさらさら流れる小川の脇を電車は進んだ。以後は急速に沿線開発が進む。谷沿いの小田急の駅では、駅から坂を登った台地が住宅地となった。台地と谷が隣接している場合、商店街は通常は谷の方にできる。谷に沿う線路と並行して商店街ができていった。京王線では駅付近の商店街は、まず線路と直角に甲州街道の方へと伸びた。そんな場所があり、友人は前述の印象をもったのだろう。

尾根伝いに大正生まれの京王線と谷沿いに昭和生まれの小田急線。両線の間には、こうした鉄道版世代ギャップのようなものが存在する。その相異はやや薄まってはいるが、もともと相当性格が異なっていた路線だった。

3-2 丘の下の梅ヶ丘駅と沢に位置しない下北沢駅

小田急線をさらに進み、下北沢駅から梅ヶ丘駅にかけて歩いてみると、予想とは異なった地形に気づく。下北沢の「沢」とは小さな谷や川を指すのだから、低地にあるであろう下北沢駅から坂を登って梅ヶ丘駅に着くように思うが、その逆なのだ。梅ヶ丘駅に向けて坂を下りていく。

「山」の意味の項で述べたように、○○山の地名は、その山を見上げる場所に付く場合も多い。下北沢も沢を見下ろす地に駅（とくに京王西口側）があり、梅ヶ丘駅は丘を見上げる場所に位置しているのでこうなってしまう。

下北沢駅付近が地下化する前の、地上時代の線路を想定しながら進んでみよう。下北沢駅を発車すると、いったん小さな谷を通り世田谷代田駅のある丘を抜け、梅ヶ丘駅へと下っていく。歩いているとこうなるのだが、現在の車窓光景はちょっと奇妙なことになっている。下北沢駅、世田谷代田駅と地下を通り、そこから高架上の梅ヶ丘駅へと線路は急勾

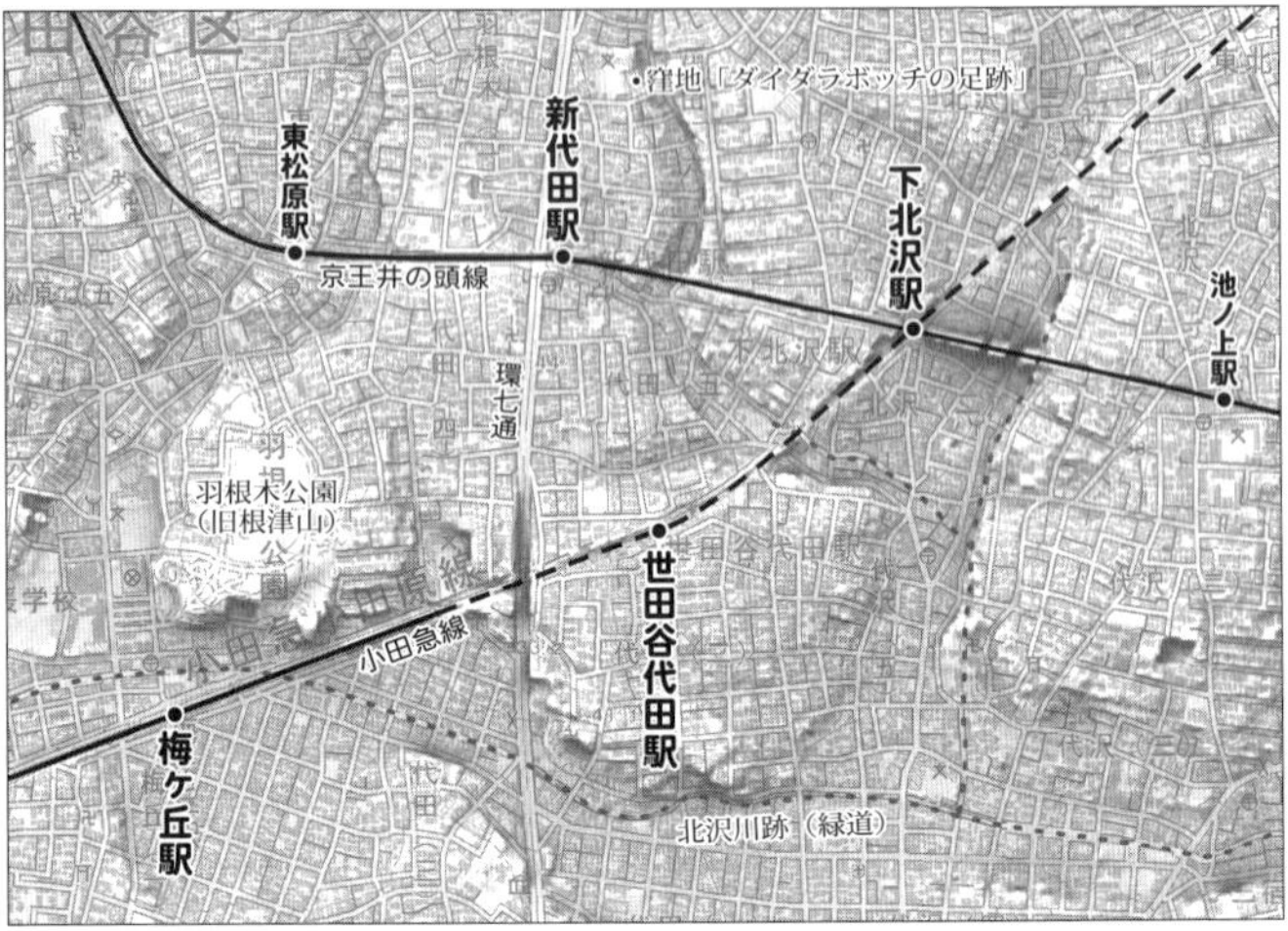

梅ヶ丘・世田谷代田・下北沢

配を上っていくこととなった。小田急は昔から丘と谷が連続していて目まぐるしかったが、地下化によりさらに複雑となった。

下北沢駅 ［小田急小田原線、京王井の頭線、昭和2年開業］

北沢とは、奥沢、深沢など世田谷地域に多くある沢に対して北に位置するためとされる。下北沢駅をはさんで南北に伸びる二つの小さな沢は、目黒川上流部の支流、北沢川のそのまた支流。

梅ヶ丘駅 ［小田急小田原線、昭和9年開業］

駅の北東に羽根木公園の丘が広がっている。園内には有名な梅林があり、駅名はそれに由来すると思われがちだが、そうではない。小田急線が開通した当初、この地に駅は作られなかった。地元の有力者、相原

家が駅開設に尽力し七年後にかなった。駅名は相原家の家紋が梅だったことによるという（異説もある）。羽根木公園の梅林は、駅名にちなんで後に整備されたものである。

羽根木公園は、六郎次山と呼ばれていた。住んでいた者の名だという。その後、根津財閥の所有となったため、根津山と呼ばれた。根津財閥は、根津嘉一郎が創始者で、中核企業に東武鉄道がある。もし小田急と東武がもっと親密だったら、梅ヶ丘駅は「根津ヶ丘駅」とでも命名されたかもしれない。

代田のダイタボッチ伝説とは

下北沢駅と梅ヶ丘駅との間に世田谷代田駅がある。同駅のほか、近くで「代田」が付く駅に、井の頭線新代田駅、京王線代田橋駅があり、一帯の路線すべてに「代田」の名が付いた駅がある。代田は江戸時代、代田橋の名で広く知られた名称だった。

唐突に感じられるかもしれないが、代田の由来は、日本各地に流布している伝説上の巨人、ダイタボッチ（ダイダボッチ、ダイダラボッチ）だという。大太郎法師とも書かれる。江戸時代前期、戸田茂睡による仮名草子『紫の一本《ひともと》』には、甲州街道沿の大多橋（代田橋）はその巨人が架けた、という話が出てくる。

ダイタボッチに関しては、窪地や沼はその巨人の足跡であるとか、山ができたのは運ん

でいた土を落としたからなど、山や湖沼の創成の話が多く伝わる。民俗学の開拓者として名高い柳田國男は『ダイダラ坊の足跡』の中で、巨人の地名伝承は、古事記・日本書紀におけるイザナギ、イザナミの二神が大八洲国《おおやしまぐに》（日本列島）を作ったように、神々による天地創造の神話と関係があるかもしれない、と述べている。

代田橋は、現在の京王線代田橋駅近く、甲州街道が玉川上水を渡る地点に架けられた橋だった。玉川上水自体はさほど大きな川（水路）ではないので、大きくて目立つ橋ではなかったかもしれない。なぜそこに江戸近郊では珍しいダイダラボッチ伝説が生まれたのか想像してみた。

地形を振り返ってみると、代田橋は江戸を出て外濠を渡った後、甲州街道で初めての本格的な川の橋だということに気づく。前述のようにここまで甲州街道は一続きの尾根筋に作られているので、途中横切る川や窪地がない。尾根筋は分水界になるので、尾根筋の両側に川の源流部はあるが、川が尾根筋をクロスすることはない。従って川に架ける橋もない。代田橋はその意味でランドマークにうってつけだった。そう考えると、比較的地味に思える代田の地に、ダイタボッチの話が伝わる理由も、少しは納得できる気がする。

代田橋駅と新代田駅の中間あたりの代田6丁目、下北沢小学校（旧守山小学校）東側の窪地がダイタボッチの足跡といわれる。

3-3 ○○ヶ丘駅——JRの駅はゼロ、私鉄は18駅も 発祥は自由が丘駅と意外な駅

「丘」の付く駅に関して、序章では私鉄の駅を列挙してみたが、JR路線について調べてみると、都内及び近郊の路線で、○○ヶ丘駅というパターンの駅はゼロだった。都内のJR路線では、○○山駅も○○ヶ丘駅も共にないこととなった。「官」の鉄道は、山に関する思想をそのまま丘に適用したように思える。

一方大手私鉄・地下鉄では、昭和に入ってから○○ヶ丘駅が多数現れてくる。丘が付く駅は、東京周辺大手私鉄全路線と都営・市営地下鉄で18駅、京急富岡駅など岡も含めれば、計23駅あった（巻末資料編２０３ページ参照）。

実際に「山」「丘」が付く駅を書き出してみて、「山」に関してはJRと私鉄とでこれほど違いがあることが意外で新発見という気分だったが、「丘」については、最初から結果を予想できた。自由が丘、緑が丘、梅ヶ丘、百合ヶ丘、希望ヶ丘など、その土地の印象を高めるために造語された地名や駅名が、すぐにいくつも頭に浮かんだためである。不動産

業も経営の柱の一つである私鉄各社は、そうした駅名を付けることが多いのはよく知られている。

東京周辺で最初に「丘（岡）」を冠した駅は、前述の自由が丘駅だと思っていたが、調べてみると東武東上本線の上福岡駅だった。由来は開業当初の福岡村にちなむもので、もともとの村名にあるものである。市町村名ではないもので最初の「丘」は、意外なことに、東急の中でも最も地味な路線といわれる池上線の旗の台駅だった。「丘」ではなく「台」ではないか、と思われるだろうが、同駅の当初の名が旗ヶ岡駅だったことによる。池上線は現在の東急の路線の中で最も早く大正11年に蒲田―池上間が開業した路線である。ただし開業させたのは前述のとおり池上電気鉄道という会社で、同社は東急の前身にあたる目黒蒲田電鉄（現・東急目黒線、多摩川線、大井町線）とはライバル関係だった。

現在の旗の台駅は、池上線と大井町線の乗換え駅となっている。当初二つの路線は異なる会社のものであり、各線の駅は路線の交差部から各200メートルほど離れて異なる駅として設置されていた。昭和2年7月に目黒蒲田電鉄（現・大井町線）により開業した東洗足駅、及び同年8月に池上電気鉄道（現・池上線）による旗ヶ岡駅である。昭和9年、池上電気鉄道は目黒蒲田電鉄により買収され、昭和26年に両駅とも現在地に移動して旗の台駅と名乗るようになった。旗ヶ岡の名をなぜ旗の台に変えたのかは不明である。

以下、丘（岡）駅を開業順に挙げてみる。

1番目　上福岡駅（大正3年、東武東上本線）

2番目　旗ヶ岡駅（昭和2年　現・東急池上線、昭和26年旗の台駅に改称）

3番目　藤岡駅（昭和4年4月1日　東武日光線）

4番目　自由ヶ丘駅（昭和4年10月22日　現・東急東横線・大井町線、昭和41年自由が丘駅に改称）

5番目　上大岡駅（昭和5年、現・京急本線）

6番目　湘南富岡駅（昭和6年、現・京急本線、昭和62年京急富岡駅に改称）

7番目　狭山ヶ丘駅（昭和8年3月　現・西武池袋線）

8番目　緑ヶ丘駅（昭和8年4月　現・東急大井町線、昭和41年緑が丘駅に改称）

9番目　富士見ヶ丘駅（昭和8年8月　現・京王井の頭線）

10番目　梅ヶ丘駅（昭和9年　現・小田急本線）

11番目　聖蹟桜ヶ丘駅（昭和12年　現・京王本線）

「丘」の文字に限ると、自由が丘駅が初登場の駅となる。戦前までは上記ですべてで、昭和の戦後では、東急で藤が丘、小田急で向ヶ丘遊園など、京王でつつじヶ丘、西武でひばりヶ丘、京成でユーカリが丘、相鉄で希望ヶ丘が登場する。

平成に入ると都営地下鉄大江戸線の光が丘駅が平成3年に開業した。東京都内では初めての公営交通による○○ヶ丘駅の誕生となる。平成時代で誕生したのはほかに、横浜市営地下鉄の都筑ふれあいの丘駅、相鉄のゆめが丘駅だけである。

東武鉄道と東京メトロだけは、○○ヶ丘駅を登場させなかった。その一方で、両社とも○○台の駅は他社より多めに誕生させている。

関西より東京で広まった○○ヶ丘駅

ここで再び気になるのが、「山」の付く駅でも見たように、関西私鉄勢に○○丘や○○ヶ丘駅がいつからどのくらい出現しているかである。調べて驚いたことは、関西には○○ヶ丘駅や○○台駅といったものが、きわめて少ないことだった。

大正5年、阪急宝塚本線（当時は箕面有馬《みのおありま》電気軌道）に雲雀丘《ひばりがおか》駅が開業する。東京の私鉄に先立っての○○ヶ丘駅の誕生だった。ところがその後○○ヶ丘駅はなかなか他に現れてこない。現在関西大手私鉄の京阪神周辺に限ると、京阪の星ヶ丘駅（昭和13年開業）、南海の三国ヶ丘駅（昭和17年開業）、近鉄の学研奈良登美《とみ》ヶ丘駅（平成18年開業）くらいとなる。ＪＲでも東海道本線の千里丘駅（昭和13年開業）、片町線の忍ヶ丘駅（昭和28年開業）のほかは、阪和線の鶴ヶ丘駅、三国ヶ丘駅（私鉄の阪和電気鉄道時代の昭和13年、

17年に開業）などしかない。

雲雀丘（兵庫県宝塚市）は、明治30年代から御影、住吉など阪神間の高級住宅地を開発してきた阿部元太郎が手がけた高級住宅地である。一区画２００坪以上で大正４年から開発が始められた。山並みを背後にして田園地帯の平地を望む丘に立地していて、まさに○○ヶ丘と呼ぶのにふさわしい。付近には明治43年に現・阪急宝塚本線の線路が開通していたが、住宅地の出現にあわせて雲雀丘駅が設置された。同駅は昭和36年、隣の花屋敷駅と統合され、現在は雲雀丘花屋敷駅となっている。

東京の自由ヶ丘駅は雲雀丘駅より13年後に命名されている。その間、関西には○○ヶ丘という駅は出現していないようだ。雲雀丘という名も、鉄道会社が名付けたのではなく、宅地開発の側で付けている。以上のことを踏まえると、自由ヶ丘駅の命名は、小林一三が率いる阪急など関西私鉄のビジネスモデルを真似したものではないといっていいのではないか。自由ヶ丘駅は、○○ヶ丘駅の発祥地とはいえないが、その名が好評をもって迎えられたので、この命名法が全国に広まった元となったことは事実である。また雲雀丘駅は丘の中腹に位置するが、自由ヶ丘駅は谷に立地するのに臆面もなく「丘」と名付けた。以前から行われてきた○○山という地名の付け方に倣った東急の賢い手法が成功したわけである。自由が丘駅は、そうした意味で、その後の○○丘駅命名ブームの立役者といえる。

3-4 旗ヶ岡、聖蹟桜ヶ丘、向ヶ丘
江戸・明治ゆかりの丘から平成の丘まで

東京で最初にできた「丘（岡）」駅の旗ヶ岡の由緒は、後年乱発されるイメージ優先のものと異なり、平安時代にまでさかのぼる。現・旗の台駅の東側、樹木に囲まれて旗岡《はたがおか》八幡神社の杜がある。下総、上総、常陸に広大な所領をもつ大豪族、平忠常が乱を起こし、長元３（１０３０）年、それを治めるべく朝命を奉じた甲斐守源頼信が追討に向かった。途中、この付近に宿営したところ、霊威を感得して源氏の氏神である八幡大神を奉じ、戦勝を祈願した。この地の高台に源氏の白旗を翻らせ大いに武威を誇ったことから、旗岡の呼称が生れたという。

池上線旗の台駅は、今は暗渠となっている立会川の谷の端にあり、旗岡八幡神社は、その谷にせり出すようにした高台に位置している。なお町名の旗の台は昭和40年に西中延、平塚などから変更されたもので、旗の台の名は駅名のほうが先である。

このほかいくつかいわれのある「丘」の付く駅を述べておきたい。

聖蹟桜ヶ丘駅 〔京王電鉄京王線、大正14年関戸駅として開業、昭和12年現駅名に改称〕

聖蹟とは天皇行幸の地の意味。明治天皇は30歳代の明治15年前後に数回にわたって、現在都立桜ヶ丘公園のある連光寺周辺で兎狩りを、近くの多摩川でアユ漁を楽しんだ。それを記念して昭和5年、元宮内大臣の田中光顕が中心となって現・桜ヶ丘公園内に旧多摩聖蹟記念館を建設した。付近が桜の名所だったこともあって同駅名に改称された。旧駅名の関戸は、鎌倉街道の関所があったことによる地名。

ひばりヶ丘駅 〔西武池袋線、大正13年田無町駅として開業、昭和34年現駅名に改称〕

戦前に広大な敷地を占めた軍需工場（航空機用の金属を製作していた中島航空金属）跡地に昭和34年、約180棟、計2700戸の大規模団地、ひばりヶ丘団地が建設された。学校、商店、グラウンド、役場の出張所なども備えていて、いわゆるマンモス団地のはしりだった。翌年には皇太子夫妻も視察されて話題を集めている。

団地の名付け親は、当時の田無町長。公団に頼まれて付けたという。麦畑が広がりヒバリが多かったためだった。駅名は団地完成と同じ年にひばりヶ丘に変わり、町名の方はその数年後、下保谷がひばりヶ丘などに変わっている。

向ヶ丘遊園駅 〔小田急小田原線、昭和2年稲田登戸駅として開業、同30年現駅名に改称〕

私鉄の「丘」が付く駅名としては珍しく江戸時代以来の地名である。岡の連なる様子を示し

旗の台の地名の由来となった旗岡神社

「むかおか」、「むかいがおか」とも呼ばれていた。どこから見てのものなのかは不明だが、「向こうの岡」だったことによる。平安時代の歌人、小野小町が「武蔵野の向の岡の草なれば根を尋ねても哀れとぞ思ふ」と詠んだ向の岡の地が、この周辺のどこにあたるか、詳しくは不明。平成14年に向ヶ丘遊園が閉鎖された後も、駅名はそのまま継続されている。

百合ヶ丘駅 〔小田急小田原線、昭和35年開業〕

小田急線新宿―小田原間は昭和2年に開通したが、百合ヶ丘駅も新百合ヶ丘駅も当初は作られなかった。昭和20年代後半、現在の百合ヶ丘駅付近（川崎市高石）の住民らから駅誘致運動が起きた。その際の希望駅名は、高石台だった。昭和35年、住宅公

団により百合丘団地が完成し、同年百合ヶ丘駅も開業した。団地建設にあたり協力した地主は一〇〇名以上にのぼり、「百」名が力を「合」わせたからこそできた団地のため「百合わせた丘」から「百合丘団地」と名付けられた。駅名もそれに倣う形となった（『多摩の郷土史　ゆりが丘とその周辺』）。

当初の百合丘第一団地は現在UR賃貸住宅のサンラフレ百合ヶ丘となっている。これらの団地は丘の上にあり、駅は丘の名を冠しているものの谷筋に立地している。昭和49年に隣りの新百合ヶ丘駅も開業している。

光が丘駅　［都営地下鉄大江戸線、平成3年開業］

駅周辺は戦時中、陸軍成増飛行場だった。戦後その一帯が接収され、アメリカ空軍家族宿舎のグラントハイツとなっていた地域である。昭和48年に全面返還され、光が丘団地、光が丘公園、商業ゾーン、学校や清掃工場などへと変わった。

地形としては、光が丘公園の南端付近を田柄川の谷が東西に横断していたが、グランドハイツ時代などに川は暗渠化され、谷はかさ上げなどの造成がなされたようだ。昭和44年に光が丘の町名が誕生し、駅名はそれに倣った。「緑と太陽の練馬」という練馬区のキャッチフレーズがあり、それにちなんで光が丘、緑が丘、若葉台などの案の中から選んだという（『東京地名考　下』）。

3-5 ○○台駅はＪＲ４駅VS私鉄・地下鉄約50駅 歴史的名称、イメージ優先など様々

前項で見たように、○○ヶ丘駅は昭和に入ってから出現し、戦後急速に増えた。では、「丘」と同じように高い所を表す意味を持つ○○台駅はどうだったろうか。序章でも簡単にふれたが、台は、駅名に付くと「丘」より「山」に性格が似てくる。これは、「台」の字が古くから様々な意味に使われてきたことと関係があるようだ。

「丘」を『広辞苑』で引くと、「土地の小高い所。低い山。小山」とあるだけで、記述はわずか2行だけである。それに対して「台」の方は17行にも及んでいる。「たかどの。うてな。物見台」、「物をのせる平たいもの」や「山や岡などの平たくて台のようになった土地」などのほか、「中央政府の官省」、「相手への敬称」(「貴台など」)、「皇族・貴人への敬語」なども ある。

○○台駅を見ていくと、ＪＲの駅では、「山」や「丘」と同じ結果になっている。都内とその周辺のＪＲ駅で「台」が付くのは、以下の根岸線の３駅と常磐線の１駅だけだった。

JRの○○台駅…洋光台駅、港南台駅、本郷台駅、天王台駅

いずれも開業は昭和40年代、高度経済成長期の末期頃にできた駅である。

それに対し、大手私鉄・地下鉄での「台」が付く駅は50駅近くもあった。

「台」の付く駅の出現は意外と古く、大正時代に市川鴻《こう》の台（京成・現在の国府台）、初台（京王）、小台ノ渡（王子電気軌道・現在の都電の小台停留所）が開業している。

現在の駅名として残るものでは、京王線の初台が東京周辺で最古の「台」が付く駅だと判明した。なお、廃止となった都電の停留場名では、明治44年開業の三河台町（後に六本木五丁目に改称）などがある。

「台」の付く駅（現役）、古い順ランキング

1番目　初台駅（大正8年、京王新線）

2番目　石川台駅（昭和3年、東急池上線）

3番目　尾山台駅（昭和5年、東急大井町線）

4番目　富士見台駅（昭和8年3月、西武池袋線）

5番目　三鷹台駅（昭和8年8月、京王井の頭線）

番外1　国府台《こうのだい》駅（大正3年開業の市川鴻の台から三度名称変更し昭和23年現駅名に。京成本線）。当初は現在の駅名と異なるが、「台」の字が付いている。

番外2　小台停留場（大正2年開業の小台ノ渡を昭和6年頃改称。都電荒川線）

1番目の初台駅は、地形によるものではなく、人名にちなむ説が有力のようだ（82ページ参照）。

2番目の石川台駅は、東急の中でもさほど目立たない池上線の地味な駅だが、後年東急に続々と現れる「台」の付く駅の先駆けとなった。同じさきがけでも派手な印象を受ける自由が「丘」駅とは対照的だ。

昭和2年の開通時、同駅の駅名は石川駅だった。それを翌3年に石川台駅に改称した。まだ目黒蒲田電鉄に買収される前、池上電気鉄道による改称である。駅の北側は高台になっていて、隣の洗足池から線路は台地の中、切り通しで進むので、車窓からも付近に台地があるのを実感しやすい。○○台駅が東京周辺にほとんど存在しなかった時期、よくぞこうした命名ができたと感心させられる。駅名の由来自体は単純で、駅のすぐ近くで線路を横切る呑川の通称が、このあたりでは石川だったことによる。

その後上記5位までのほか昭和の戦前には、桜台駅、相武台前駅が誕生しただけだった。

○○台駅が続々と現れるのは、昭和の戦後になってからである。東京周辺で約30もの「台」付きの駅が生れた。戦前までの「台」付き駅名が、「地名+台」だったのに対し、みずほ台、みどり台、みのり台、すずかけ台など、イメージ語+台が多く生まれたのもこの

時代の特徴である。

平成の時代では新路線開通のペースが落ちたこともあり、「台」付き駅の誕生は7駅にとどまっている。最も新しいのが足立小台駅（平成20年、日暮里・舎人ライナー）、次が白糸台駅（平成13年北多磨を改称、西武多摩川線）となる。直近約10年間では「台」付き駅は生まれていない。

「イメージ語＋台」の中でも、比較的根拠のあるものとしては、すずかけ台駅の例がある。

●すずかけ台駅 ［東急田園都市線、昭和47年開業］

大岡山駅近くにキャンパスがある東京工業大学の新キャンパス（現・すずかけ台キャンパス）が駅付近にできることから、東急から同大学に、よい駅名があったら提案してほしいとの話があった。当時は田園都市線の終点になる（行き先表示される）重要な駅名だった。それに応える形で同大学名誉教授の谷口修が名付けた。

ギリシアの哲学者プラトンが、しばしばスズカケ（別名プラタナス）の木の陰で弟子たちに講義したことから、学問と関係の深い植物ということで選んだ。田園都市線の駅にはすでに藤が丘駅、青葉台駅、つくし野駅と、植物に関する駅名が多くあったことも命名の参考にしたという。谷口教授は開業日に一日駅長もつとめている。

3-6 下総国の中心地、国府台が○○台駅の名の発祥地!?

京成本線や総武線の下り列車で江戸川を渡ると千葉県市川市になる。東京方面から向かうとその手前あたりから左手に下総台地が見えてくる。それまで下町低地が続いていたので、この台地の存在はかなり目立つ。とくにその西側は江戸川の浸食作用により切り立った崖になっていて印象的な光景だ。国府台《こうのだい》はこの台地の西南端付近にあたり、貝塚や古墳があることから分かるように、古くから人が住んでいた。海に近く魚介類を捕獲でき、台地の端からは清らかな湧水を得られ、台地上を住居とすれば、江戸川の洪水からも身を守れる。古代から人が住むのに適した条件が揃った地である。

国府台の地名はここに下総国の国府が置かれていたことによる。聖武《しょうむ》天皇の国分寺建立の詔（741年）により、近くに下総国分寺、国分尼寺《こくぶんにじ》も築かれた。この台地はかつて下総国の政治と文化の中心地だったのである。また当地は源氏再興の地としても知られる。石橋山の戦いに敗れた源頼朝は再起をかけてここに陣を張り兵を集めて鎌倉に入った。明

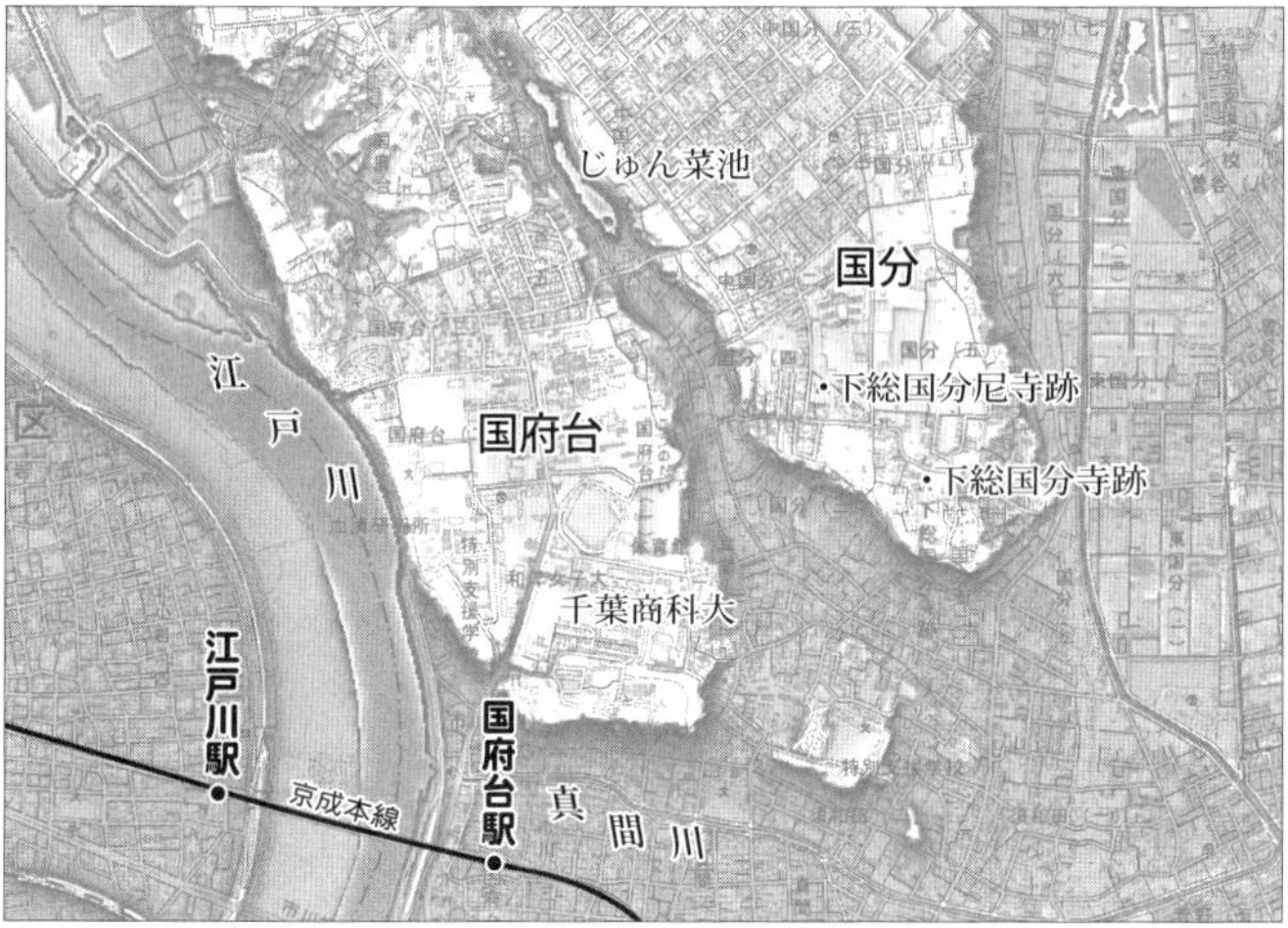

国府台

治時代以降は、台地上に下士官を養成する陸軍教導団が置かれるなど、一帯は軍隊の街となった。戦後は千葉商科大学などの大学や国府台公園、医療施設が広がる地となっている。

国府台駅はこの台地の麓に位置するので、地形どおりにいえば国府台下駅となる。大正3年に市川鴻の台駅として開業。同4年に市川駅へと改称されてしまうが、同10年に市川国府台駅と再び改称。昭和23年に現駅名となった。

鴻の台から国府台と文字が変わったが、〇〇台の駅として東京周辺で最も早くできた駅だった。国府台周辺の由緒深い歴史を考えれば、〇〇台駅発祥の地としての貫録を備えた駅といえるだろう。

3-7

「前を付ければまあよかろう」と言われた昭和天皇が名付けた「○○台」前の駅とは？

○○台駅のなかで異色のものとして、小田急小田原線の相武台前駅が挙げられる。「台前」（台地の前とは？）という不思議な名も、なにやらゆかりのあることを予想させる。○○ヶ丘や○○台、○○山と付く駅のなかで、最後に「前」が付くのは東京近郊の駅でここだけである。

昭和2年小田急線が開通した時に、旧・座間駅が開業した。いまの相武台前駅である。現・座間駅は、当時、新座間駅と称した。昭和12年、陸軍のエリート（兵科将校）を養成する陸軍士官学校が旧・座間駅の西側台地に移転してきた。これにあわせて旧・座間駅は士官学校前駅に改称された。

昭和16年1月1日、いわゆる「防諜改称」が行われる。軍の施設の場所をみすみす敵国のスパイ（間諜）に知らせることを防ぐための改称である。同年の12月8日には太平洋戦争開戦となるので、今さら遅くもう十分に敵に知れ渡っていたはずだが、ともかく士官学

校前駅は相武台前駅に改称された。新座間駅は座間遊園駅への改称を経て、この時に現・座間駅となった。

士官学校は移転前、市ヶ谷の高台（現在防衛省のある新宿区市谷本村町）にあり、市ヶ谷台といえば、一般に士官学校のことを指していた。移転後は昭和天皇によって相武台と名付けられ、その呼称が士官学校を指すようになった。帝都から離れた山里なので、生徒たちに精神の拠り所となる名称が必要とされたのだろう。「相模原を控え最も武を練り鋭を養うに適する、すなわち武を相（み）る」意味だった。

駅名改称にあたっては、小田急は「相武台」と名付けたかったようだが、「駅名などに使うとは不敬である」と軍の反対にあった。『小田急五十年史』によれば、「なにぶんにも陛下のご命名という由来があるだけに軍は難色を示し、結局、相武台ではイカンが相武台前ならまアよかろう、ということでやっと認可になった」という。当時私鉄の相模鉄道だった現・JR相模線にも、士官学校の台地の下（低地）に陸士前駅があったが、ほぼ同時期に相武台下駅に改称している。戦後、士官学校周辺は米軍座間キャンプとなったが、駅名は相武台前や相武台下のままである。

士官学校は市ヶ谷から移転後、本科（陸士）、航空士官学校（航士）、予科士官学校（予士）に分かれた。本科の相武台のほか、昭和天皇により、埼玉県入間に移転した航士には

夕刊
朝日新聞

陸士校所在地に「相武臺」の賜名
明治六年來の光榮

產業新体制の進路
科學主義工業

水戸陸軍飛行學校卒業式

陸軍航空士官學校
卒業式に行幸
若鷲の妙技を天覽
修武臺の名稱を賜ふ

天皇陛下 陸軍航空士官學校卒業式に行幸

昭和天皇による相武台（右）、修武台（左）命名を大きく報じる当時の新聞記事

修武台《しゅうぶだい》、埼玉県朝霞に移転した予士には振《しん》武台《ぶだい》の名が与えられた。

いずれも「台」の字が付けられているのは、少なくとも昭和10年代には、「台」の付く地名にプラスのイメージが付されていたことをうかがわせる。「台」の字がもつ「相手への敬称」の意味や、鎮台（各地に駐在させた軍隊）などとも関連するようだ。

地形的にも相武台は、相模川の低地を見下ろす台地上、修武台、振武台も同じく入間川、黒目川の低地を見下ろす台地上に立地している。眼下に見る川と低地の規模も、本科である相武台が最も大きく、地形と学校の格（本科と予科の相異など）が一致して興味深い。

修武台、振武台は駅名になることはなか

った。修武台の最寄駅は大正4年開業の武蔵野鉄道（現・西武池袋線）豊岡町駅。豊かな岡という名前がよかったせいか、昭和13年に航士が移転してきても改称は行われなかった。昭和42年に入間市駅に改称。近くに航空自衛隊入間基地がある。

振武台の最寄駅は、東武東上線朝霞駅である。振武台も駅名にならなかったのは、朝霞駅が皇族にちなんだ名だったので変更するのを避けるためと推測できる。朝霞市の中心部はかつて膝折《ひざおり》宿という川越街道の宿場町だった。ある武士の馬がこの付近で足を骨折したためこの名が付いたといわれている。昭和7年、東京府荏原郡駒沢町にあった東京ゴルフ倶楽部が、旧膝折宿の近くに移転してきた。名誉総裁に皇族の朝香宮鳩彦《やすひこ》王が就く名門倶楽部である。同時に膝折村に町制が施行されることになり、倶楽部の許可のもと、宮の名にちなんで朝霞町と改称した。朝香の名をそのまま使うのは畏《おそ》れ多いとして一字変えて朝霞にしている。予科士官学校は、東京ゴルフ倶楽部の地に移転し、戦後は米軍施設キャンプドレイクとなった後、現在は陸上自衛隊朝霞駐屯地となっている。

●朝霞台駅

［東武東上線、昭和49年開業］

前年に現・JR武蔵野線が開通し北朝霞駅が開業したために、その乗り換え駅として開業した。隣の朝霞駅は大正3年に膝折駅として開業し昭和7年町名変更と共に現駅名に改称している。朝霞台駅は、名前のとおり、駅の南側、黒目川の流れる低地を見下ろす台地上にある。

3-8

「官」と「民」との自然観の相異 ○○ヶ丘駅の多くが低地にある理由

ここまでを一旦まとめてみたい。

〈事実と経緯〉

1、JRには旧国鉄時代以来、都内に○○山、○○ヶ丘、○○台という名の駅が一つもない。

2、東京近郊にまでエリアを広げても、JRの駅で上記にあてはまるのは、南武線の津田山駅や根岸線の洋光台駅など数少ない。

3、私鉄では○○山、○○ヶ丘、○○台の駅は数多い。すなわち「官」の鉄道は「山」や「丘」、「台」を嫌ったが、「民」の鉄道はこれらを好んだ。

4、○○山駅は明治時代から存在するが、大正末以降、私鉄で増加する。

5、○○ヶ丘駅の登場は昭和ひとケタ年代以降（関西では阪急宝塚本線雲省丘駅の大正五

年開業の例がある）。
6、○○台駅は大正時代からあるが、大幅に増えるのは昭和の戦後。
〈傾向〉
1、旧国鉄時代、地形からいって私鉄なら「○○山駅」と付けたと思われる駅でも旧国鉄はそのようにしなかった。例：王子駅（「飛鳥山駅」としなかった）
2、○○山という地名は昔から存在したが、○○ヶ丘という地名はほとんどなかった。昭和4年に東京で初めて自由ヶ丘駅という○○ヶ丘駅の呼び名ができた。それが人気を得たためか、その後○○ヶ丘は増えていく。
3、関西では○○山、○○ヶ丘、○○台という駅は非常に少ない。
4、○○ヶ丘の○○部分は、イメージの良い語（自由、希望、光など）や植物名（梅、桜、すずかけなど）でミーハーな印象も。
5、○○台の○○には、古くからの地名や歴史由来のものも多い。国府台、相武台など。また若葉台などイメージの良い語のものもある。
〈地形〉
○○山、○○ヶ丘、○○台の駅は、台地上など高い所にあるとは限らない。むしろ多くは、山、丘や高台を見上げる低地にある。低地にある駅でも付近に高台があ

る場合、こうした名を付けている。

丘を認識するには低地が必要。そこに駅がある

最後の〈地形〉で記したように、これまで各駅付近の地形を見てきて分かったことは、〇〇山、〇〇ヶ丘、〇〇台の各駅とも、駅自体は低地にあることが多いことだった。その理由を考えてみたい。

第一には、駅の利用者は付近の台地上に住む人、その関係者も多いはずで、その人たちに分かりやすい駅名とするため。第二に、駅名や地名に「山」「丘」「台」が付くと、付近のイメージがアップすると鉄道会社が考えたため。第三に、低地があってこそ、そこより高い丘が認識される。武蔵野台地は起伏に富むので、丘（高台）があれば、近くに低地が付き物のようにしてある。そこに駅を作った例が多いため。

台地が起伏なくただ広がっていれば、ひとまとまりの〇〇ヶ丘などは存在しない。起伏に富み、丘と低地がある程度狭い中にあれば、それぞれ名の付いた丘が生れる。鉄道は坂の上り下りが自動車ほど得意ではないので、低地から丘へと続く場合、なるべく丘へ上らず、切り通しなどで丘を抜け（高い丘の場合はトンネルになる）、再び次の低地に出る。そのため駅は低地に作られる場合が多くなる。

以上が○○山、○○ヶ丘、○○台の駅が低地に多い理由だと思うが、これだけでは、JR（旧国鉄）にこれらの駅名がほとんどない説明にはならない。旧国鉄はなぜこれらの名前を付けなかったのか？

『東京の地名がわかる事典』に興味深い一文があった。

「戦前は祝祭日や皇室の慶事があるたびに、各新聞の一面に共通のパターンとして、〝大内山に瑞雲たなびく〟とか〝大内山の翠濃く〟といった見出しが現れた」とある。

ここでの大内山とは「皇居、御所、宮中」のことをいう。現在ではこの意味の「大内山」はまったく使われないが、戦前は新聞やラジオで皇室関連のニュースが伝えられることが多く、一般庶民は大内山の名を頻繁に見聞きした。同書では、昭和の戦後、「山」「丘」「台」の字付きで高級住宅地が強調されるようになるのは、大内山のような「山」にあやかったものではないかと指摘している。○○山というのが、高貴、高級のものに感じるよう、大内山によって脳裏にすりこまれたというわけである。

もう一つそれに近いものとして、前項で触れた相武台、修武台、振武台の影響もあるのではないだろうか。たとえば昭和12年12月21日の朝日新聞には、

「陸士校所在地に『相武台』の賜名」

同16年5月29の同紙には、

「陸軍航空士官学校卒業式に行幸　若鷲の妙義を天覧　修武台の名称を賜ふ」と大きな見出しが昭和天皇の写真付き（107ページ参照）で躍っている。

○○台駅は、大正時代から登場していたが、昭和の戦前・戦中にかけて市ヶ谷台、相武台などの名が盛んに報道されることにより、○○台が高級な感じがする聞きなれた言葉になり、それが戦後こうした駅名が多く登場する一因になったのではとの推測である。

序章で引用した司馬遼太郎の言葉を振り返ってみたい。司馬は○○ヶ丘を粗末な土地に感じると述べた後、日本人の「丘」に対する感じ方が近代以降変化した理由を語る。

「〈丘に関する日本人の気持ちの〉様子がすこしかわったのは、幕末から明治にかけて開港場ができでからである。西洋人たちは横浜、長崎、あるいは神戸などの後背地のある高燥な丘（山手）に異人館を営んだ。低地こそ人の住む所だと思いこんでいた地下衆《じげしゅう》には奇異な感じがしたに違いない。」（〈〉内は筆者の補足）

「開港場の丘の上の異人館にやがて日本人もならうようになって、丘が高級というイメージに変わってゆき、やがて〝ナントカが丘〟という造成地広告になってゆく。」

人の自然観がこうして変わるように、東京周辺の私鉄では、「山」や「丘」への親和性のようなものが生まれてきた。

それに対し旧国鉄がたどった状況を考えてみよう。明治時代以来、前述したように鉄道

にとって「山」は邪魔物だった。山間地の線路は急勾配を余儀なくされ、そこを上るには蒸気機関車を二台連結したり、客車や貨車の連結数を減らしたりする必要があった。しかも山間部には住む人が少ないので利用者も少ない。山にはこうした邪魔物感覚と、宮中の畏れ多い「山」と二つのイメージが存在した。

東京近郊の私鉄にとって自然の山はたいした高さではないが、全国に路線がある旧国鉄にとって、山岳地帯の本格的な山は厄介なものであり続けた。旧国鉄は私鉄より古く開業した駅も多く、また山や丘に対する旧来のイメージを変えずに持ち続ける体質だったため、戦後になっても○○山、○○ヶ丘、○○台という駅名を避けた。また○○ヶ丘と安易に命名する私鉄を横目に、そうしたことをするのは国有鉄道としてプライドが許さなかったのかもしれない。また何度か述べてきたように、私鉄のように不動産業としての宅地開発をしない（できない）ので、○○ヶ丘などいいイメージを植えつける必要性が低かったことも大きな理由と思われる。

文献による検証を重ねたものではないので、異なる理由やご批判もあるだろう。述べたかったのは、ＪＲと私鉄とで地形にまつわる駅名の付け方に明らかな相異が存在することに対し、これまでほとんど指摘されてこなかったので、それを示したかったこと、及び、それに対し、あれこれ類推し検証していく楽しさもあることである。

第4章

ぐるり一周、山手線の地形を見てみよう

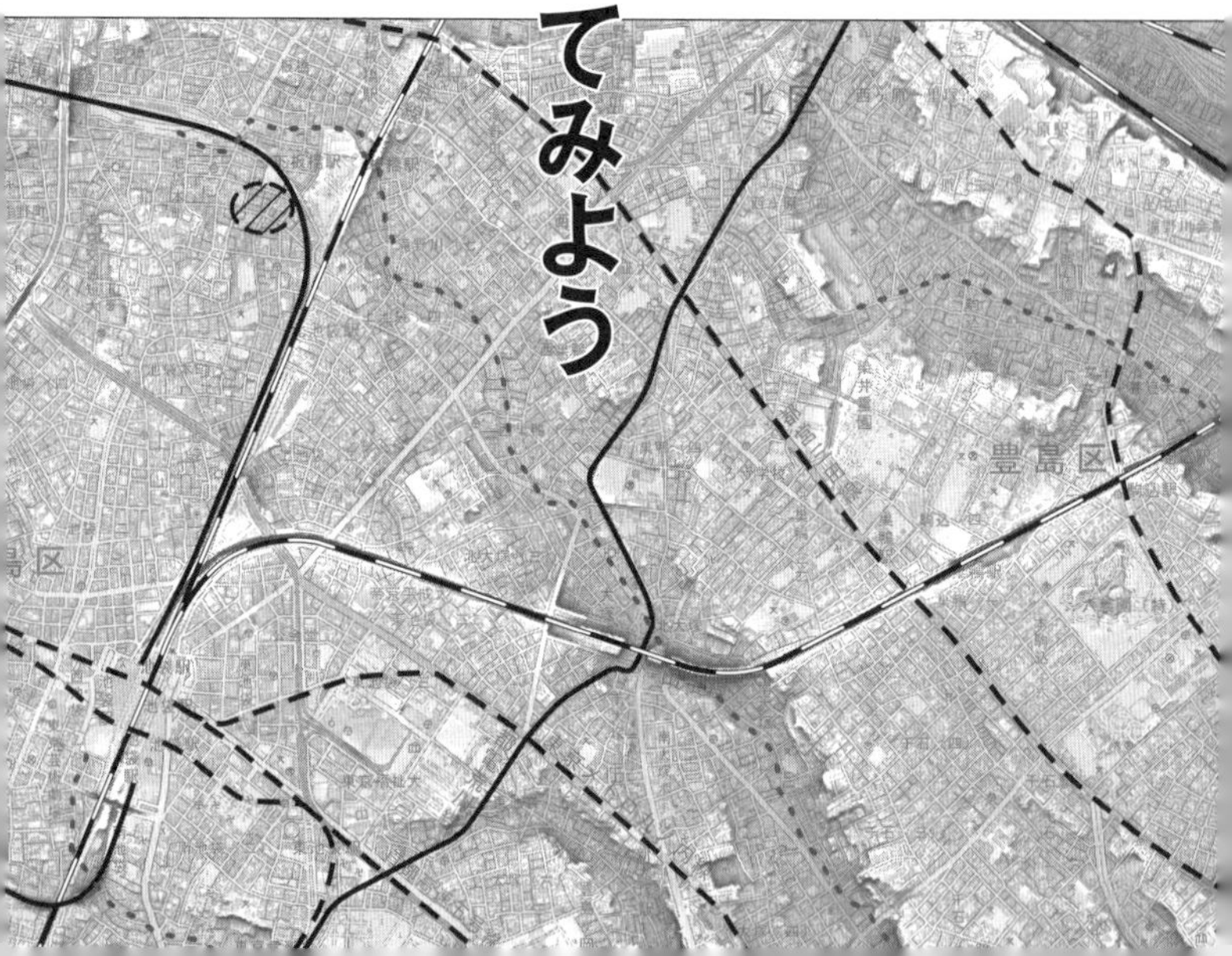

4-1

地下鉄銀座線——台地を上り谷にぶつかったら地上に顔を出す

ここまで「山」「丘」「台」などの名が付く駅について、周辺の地形や名の由来を述べてきた。ここでは連続的に地形を見ていくうえで、路線に沿って話を進めてみたい。

山手線の内側が凸凹に富んでいて、しかも駅名どおりの地形があったりなかったりする好例として、東京メトロ銀座線を選んでみた。銀座線は東京で最も早くできた地下鉄（全通は昭和14年）であり、地下の比較的浅い所を通っている。その後にできた地下鉄が銀座線と交差する時は、赤坂見附駅での丸ノ内線と同ホームを使用するほかは、すべて銀座線の下を潜る。したがって銀座線の線路は、ほぼ地上の地形に従って上り下りをしているわけである。

浅草駅を出発すると、上野駅、銀座駅などを経て新橋駅までは下町低地の地下を行く。上野という駅名が地形を感じさせて気になるが（147ページ参照）、銀座線は上野の山の南端をかすめるようにして低地の下を進む。

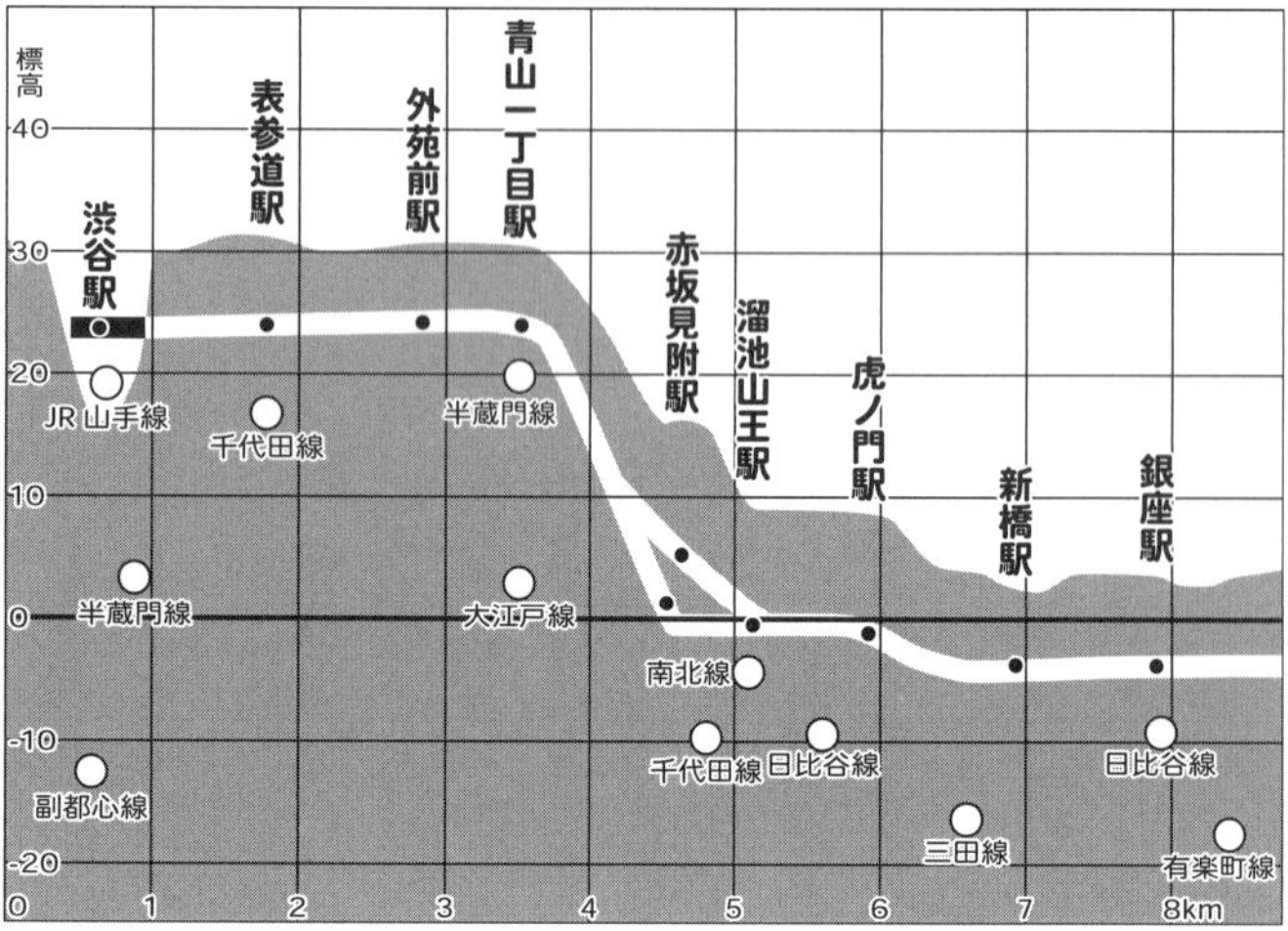

地下鉄銀座線断面図

断面図を見ていただくと分かるように、新橋駅を出て山手線の内側に入ると、地上が台地となるので銀座線も少しずつ上り始める。するとすぐに溜池山王《ためいけさんのう》駅に着く。池と山、地形に関する二つの漢字を持つ珍しい駅である。都営地下鉄南北線との乗換え駅で、南北線ホームの南側が溜池交差点付近、北側が山王坂の坂下に位置するためこの名を付けたのだろう。銀座線ホームは溜池交差点付近にある。立地からいえば駅名は「溜池」だけでもいいはずだが、「山王」を付け加えると印象がガラリと変わって由緒ある土地という風格が漂ってくる。

● 溜池山王駅 〔東京メトロ南北線開通に合わせて平成9年開業〕

江戸時代に溜池があった所に立地する駅

である。この溜池は江戸時代初期、現在の虎ノ門駅付近に洗堰《あらいぜき》と呼ばれる小さなダム（堰）を建造して造った人造湖だった。赤坂川を堰き止めたもので、日枝《ひえ》神社下を通り赤坂見附交差点付近まで、現在の外堀通りに沿って細長いながら並々と水をたたえていた。銀座線は虎ノ門駅を出た少し先から溜池山王駅を経て赤坂見附駅付近まで、かつての溜池に沿ってその地下を走っているわけである。

溜池を造った目的は、まだ玉川上水ができていなかった時代、飲料水を確保するためと、江戸城防備の濠にするためだった。洗堰は、溜池へ満潮時海水が遡るのを食い止める役割も果たしていた。

山王は、近くにある日枝神社が山王社とも呼ばれることによる。同神社の山王祭りは江戸三大祭りに数えられる。

銀座線はその先、台地を上り始め、赤坂見附駅に至る。溜池山王駅からここまで標高差で約10メートル上っている。だがまだ武蔵野台地の上に完全には達していない。

●赤坂見附駅 ［昭和13年開業］

赤坂一帯には坂が多いが、「赤坂」という名の坂はない。語源には諸説あり、①現在迎賓館のある所に茜草が生えていたため赤根山といわれ、そこへ登る現在の紀伊国坂を赤坂と呼んだという説　②単に付近が赤土であるため一帯の坂を赤坂と呼んだ説などがある。見附とは、江

戸城の城門（ここでは赤坂門）に設置された通行人監視所のことである。

さらに次の青山一丁目駅までも10メートル上る。地下を走っていると気が付きにくいが、地上を歩いていると低地の商業地から、台地上のお屋敷町へと町の様相が一変するので、凸凹地形と町並みの妙を実感しやすい。

地上に出てあたりを見回しても、「青山」らしき山などない。それもそのはず、第1章で述べたように青山の語源は、江戸初期に幕臣青山忠成が邸地としてこの地を受領したことによる。

青山一丁目駅から外苑前駅、表参道駅と標高約31メートルの台地の地下を銀座線は走る。行途中起伏もなく国道246号の下を快調に進むが、渋谷駅の手前で突然波瀾が訪れる。行く手に渋谷川の深い谷が出現するのである。谷の底にはJR渋谷駅がある。渋谷駅前のハチ公前広場は標高約16メートルで、青山や表参道周辺に比べるとかなり低い。そのため銀座線は谷の中腹に躍り出るようにして地上に顔を出してしまい、渋谷ヒカリエの脇を通ってJR山手線を跨いで終点の渋谷駅へと進入していく。

銀座線は新橋から先、池だった場所あり坂あり、そして「山」ではない青山の台地を通って谷に至った所で終わる。新橋―渋谷間はわずか約6キロメートルだが、東京の凸凹の多い微地形を象徴するような区間である。

4-2 山手線は六つの峠を越える山岳鉄道 地形を示唆する駅名も多い

筆者が子供の頃、山手線に乗ると、貨物列車との競争によく出っくわした。昭和40〜50年代、山手線電車の線路に並行して貨物線の線路がある大崎—渋谷—新宿—池袋—田端間でのことである。現在その線路には成田エクスプレスや湘南新宿ライン、埼京線の電車が行き交っている。

当時そこに貨物列車が頻繁に走っていた。茶色い旧型の電気機関車（EF15形など）が牽く貨物列車は、山手線電車よりスピードがずっと遅い。だが途中で駅に停まらないので抜きつ抜かれつのちょうどいい競争になった。

ある時、その競争には一定の勝ち負けパターンがあることに気が付いた。外回りを例に挙げれば、大崎—目黒間や渋谷—代々木間などでは山手線電車が勝つのに、新宿—高田馬場間や池袋—田端間などでは貨物列車が勝つ場合が多いのである。

自分が乗っている山手線電車が勝つ場合は、駅間で貨物列車を追い抜き、電車が次の駅

品川―大崎間。御殿山の下を行き、第一の峠越えともいえる区間

に停まっている間、ちょうど発車間際くらいに貨物列車が追いついてくるが、電車はすぐに発車して貨物列車を引き離してしまう。一方電車が負ける場合は、駅に停まっている間に貨物列車が追い抜いてゆき、次の駅近くでやっと電車は追いつくが、駅で停まっている間に、貨物列車はずっと遠くにいってしまう。

駅間距離の長短や、停車時間の長い駅の存在など、この勝負には様々な要素が絡んでいるのだが、貨物列車のスピードの要素も無視できなかった。さほど性能の高くない旧型電気機関車が40両近くの貨車を牽引している場合、上り勾配ではスピードが遅くなり、下り勾配ではスピードが増す。電車の方は、上り勾配でも比較的スピードを

出せる。この勝負には上り勾配区間か下り勾配区間かで、勝ち負けの行方が決まりがちなのだった。そのことに気付いたのは、ずっと後年になって地形を意識するようになってからである。その後スピードの出る青い新型の電気機関車（ＥＦ65形など）が出現し、山手線電車は負け続けるようになった。現在も一日数本貨物列車が走るが、さらに新型の電気機関車なので、山手線電車はもう勝負にならない。

平坦に見える山手線の線路も、実は起伏に富んでいる。その様子は山手線線路の断面図を見るとよく分かる。山手線の東側半分、田端―上野―東京―品川は凸凹がなく平坦なので省略し、西側半分についての断面図が下図である。前著（『地形で解ける！東京の町の秘密50』）でも掲載して解説したので、ここでは簡単に述べるだけにとどめたい。

品川駅を発車した外回り電車は、渋谷、新宿、池袋を

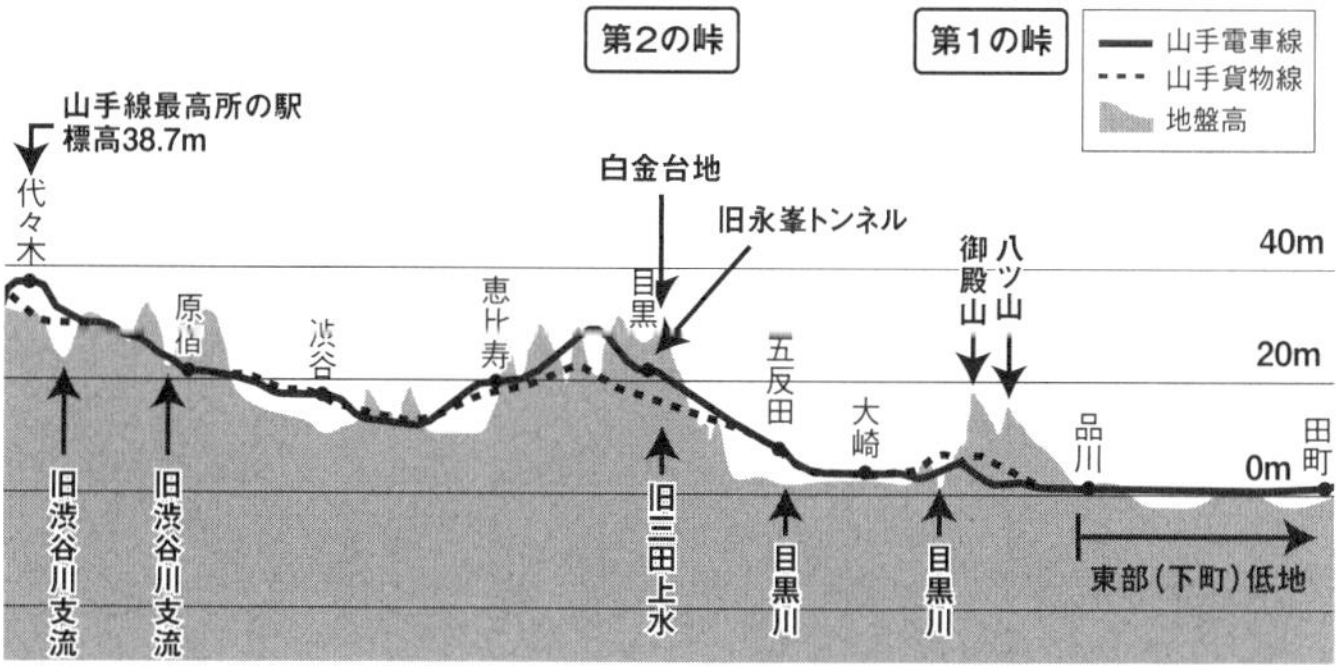

『東京人』（都市出版）2012 年 8 月号「山手線にもトンネルがあった!」（小野田滋）掲載の図版を加筆・修正

経て田端駅までの間に、小規模ながら上って下っての6つの峠を越す。なかでも最大のものが新宿駅付近をピークとする峠である。品川駅は標高3メートルほどだが、新宿駅付近は標高約40メートルに達する。このピークに向けて、長い貨車を牽いた茶色い老機関車は奮闘していたのである。

この断面図を見ていて、最近あることに気がついた。山手線の品川から池袋付近までの山あり谷ありの様相が、中央本線の新宿から甲府を経て松本に至る途中、諏訪湖畔の上諏訪駅付近までの様相にとてもよく似ているのだ。中央本線は国内屈指の山岳路線で、山梨県と長野県の県境近くの富士見駅など標高955メートルもあり、山手線とは通常比較にならないほどだが、標高を距離の約100倍にするなどして断面図（次ページ参照）を描くと、よく似てくる。

もちろん両者の間には地形的に何の関係もない。単な

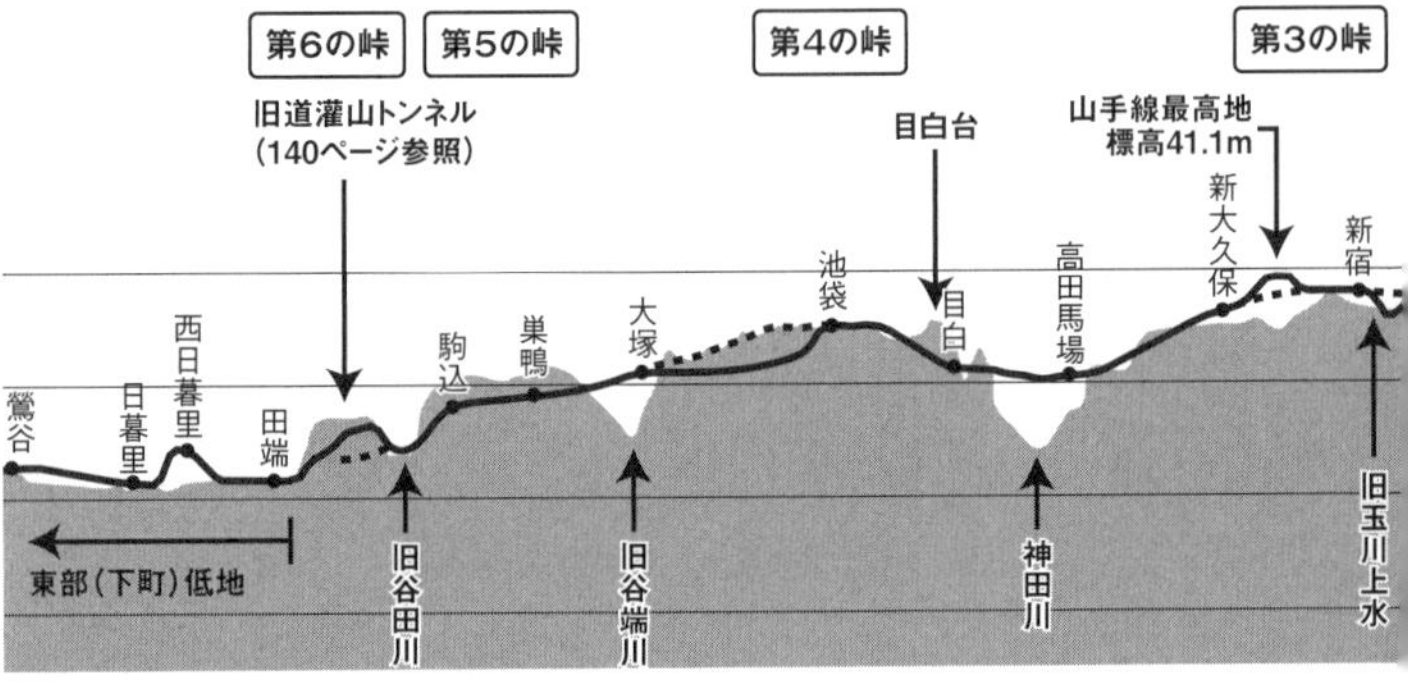

る偶然である。だが山手線断面図の右端にある田町駅を、中央本線特急の始発駅の新宿駅（下記の中央本線断面図の右端）に見立てると、品川―大崎間の御殿山などを越える所が高尾駅の先の小仏峠、五反田駅から目黒駅への上りが大月駅の先の笹子峠への上り区間、笹子峠を越えて眼下に現れる甲府盆地が山手線での渋谷駅の谷にあてはまる。そこから新宿付近への山手線最高地点への上りが、小淵沢から富士見に至る上り勾配区間である。この付近では南アルプスと八ヶ岳の車窓展望が楽しめる。最高地点を越えると、山手線では神田川の谷へ向けて、中央本線では諏訪湖へ向けて下っていく。

　強引なこじつけの戯言のようなものだが、

中央本線断面図

山手線の西側半分の線路が上り下りを繰り返すミニ山岳鉄道のようだということをお伝えしたかった。

川あり岬あり谷あり池ありの山手線駅

山手線の駅名にも品川、大崎、五反田、渋谷、原宿、新大久保、高田馬場、池袋、大塚、田端、鶯谷など地形を示唆しているようで気になるものがいくつかある。これらの駅名を追っていくと、品川駅は大正時代まで海に面していたが、その近くに川（品川）があり、隣りの駅近くには大きな「崎」（岬）があり、しばらく行くと広い田んぼ（五反田）があり、内陸部に入っていくと谷（渋谷）あり原っぱ（原宿）あり大きな窪地（新大久保）あり池（池袋）ありといった具合である。その先には大きな「塚」や鶯が啼く谷もあったことになる。

品川駅から新宿駅・目白駅を経て現・赤羽線の板橋駅経由で赤羽駅まで開通したのが明治18年。池袋駅から巣鴨駅を経て田端駅までの開通が同36年である。駅名からは、のどかな田園地帯や山里の車窓が思い起こされる。実際はどうだったのか。以下各駅名の由来と共に地形や歴史を見ていくこととしたい。

4-3 山手線全駅ぐるり一周 地形探訪と駅名の由来、仮想駅名の旅

山手線は多くの区間が明治時代に開通している。そのため駅名の名付け方は明治時代の鉄道の慣例などによっている。そこでこれがもし、昭和時代の東急や京王など私鉄の慣例で駅名を付けたらどうなっていたか？　と想像してみたりしたのが、仮想駅名である。昭和私鉄スタイルや地形忠実スタイルなど、いくつかのパターンを設けてみた。地形や歴史に根差しての命名であり、明治では避けられた「山」「丘」「台」といった語も積極的に含ませている。仮想駅名を考えることで、付近の地形や歴史がより明確に認識できるので、それも楽しんでいただければと思う。

宿場町品川の名を駅名にしたことから、問題点が次々と

◎品川駅　明治5年開業、仮想駅名（昭和私鉄スタイル）：「高輪台駅」

品川の由来は、品よき（見た目が美しい）地形だったので隣村の高輪《たかなわ》に対し品ケ輪とし

大崎・五反田・目黒周辺

た説、目黒川の古名を下無川といったためとする説、領主が品川氏だったためとする説などがある。

JR品川駅にはよくいわれる話が二つある。一つは、品川駅が品川区ではなく港区にあるのはなぜ？　ついでにいえば目黒駅は目黒区ではなく品川区にあるのもなぜかという話。

もう一つは、京浜急行北品川駅は、品川駅の南側にあるのになぜ北品川という名なのかという話。

これらの疑問は、ひとえに明治5年、日本で初めて新橋―横浜間に鉄道を敷設した際、江戸時代の旧東海道宿場町の品川宿からはずれた地に駅を設置したにもかかわらず、駅名を品川としたことによる。品川に

限らず、一般に宿場町の中心付近は人家が多いため、線路と駅はそこを避けて作られている。品川駅の場合は、品川宿本陣から1キロ離れた地に設置された。

駅名も昭和の東急電鉄的発想で命名したら、江戸時代の宿場名などにはこだわらず、「高輪台駅」とでもしていただろう。高輪台も駅からは品川宿と同じ程度離れているが、高台の高級住宅地がありそうな高輪台の方を選んでいたはずだ。

明治11年、東京府内に15区を定めた時、品川駅は芝区内の南端近くにぎりぎり含まれ、同22年に東京市が誕生した際に東京市内となった。一方、旧品川宿は東京市外の荏原郡となった。品川駅と旧品川宿との間に、厳然とした境界線が出現したのである。

その後開業した京浜電気鉄道（現・京急）としては、旧品川宿の北部にできた駅を北品川駅としか付けようがなかったのだろう（開業当初は現在より北にあり品川駅と名乗った）。地形と歴史を鑑みると、JR品川駅を「高輪台駅」、京急北品川駅はそのまま、京急新馬場駅を、品川宿本陣が近いので「品川駅」または「本品川駅」と名付けるとすっきりしたと思う。

大崎～恵比寿　御殿山、島津山、長者丸など良き駅名候補が目白押し

◎大崎駅　明治34年開業、仮想駅名：なし

五反田駅付近。山手線開業当時、目黒川沿いは沿線随一の水田地帯だった

秩父山地から続く台地の端であることから「尾崎」と呼ばれ、それが大崎に転訛したとの説、崎は海などに突き出た陸地の先端を意味するので、付近の台地の様子から名付けられたとの説などがあるが、どれもしっくりこない。『品川の地名』では、これら古くからいわれている説を実際の地形からみて疑問視し、台地に多くの谷が入り込んでいることから、「多い崎」が大崎に転訛したのではと推測している。

現在高層ビルが林立し、再開発が進む駅前地区は、明治末年くらいまで、一面に水田が広がっていた。

仮想駅名として、駅の北東500メートルほどにある高台の名を取って、「御殿《ごてん》山駅」を考えてみたが、やや離れていること

と、駅のある目黒川沿いの低地と御殿山の高台の間には崖が続き、明治時代以来近年まで、双方に住む人々の交流が疎遠で結ぶ道も少ないことから仮想駅名とするのを止めた。御殿山の名は、江戸時代初期に将軍が鷹狩の休憩所などに使う御殿があったためとされる。

◎五反田駅　明治44年開業、仮想駅名（昭和私鉄スタイル）：「島津山駅」

元禄年間の検地水帳に「五反田耕地」とあり、五反を一区間とする田んぼがあったのが由来とされる。明治末年頃まで、大崎―五反田間の線路沿いの低地は、山手線沿線で最大の水田地帯となっていた。

当時駅付近から水田越しに、こんもりと樹木が茂った島津山と池田山の眺めが印象的だったことだろう。島津公爵（旧薩摩藩主）と池田侯爵（旧岡山藩主）の邸宅があるためにそう呼ばれた丘である。駅からはそれぞれの山への道も続いていた。東急自由が丘駅のように、駅名の由来とするもの（自由ヶ丘学園）が丘上にあり駅自体は低地にある例に倣えば、同じような地形の五反田駅は、当然、「島津山駅」と名乗ることになる。

◎目黒駅　明治18年開業、仮想駅名（昭和私鉄スタイル）：「長者丸駅」

駅から約1キロ西に、目黒不動があることにちなむ。江戸の町には五色不動と呼ばれた五カ所の不動尊があり、人々の信仰を集めていた。目黒不動（目黒区下目黒）、目白不動（目白駅の項参照）、目黄不動（台東区三ノ輪など）、目赤不動（文京区本駒込）、目青不動

目黒―恵比寿間。写真右側が旧町名での長者丸。白金桟道橋のアーチも印象的

（世田谷区太子堂）である。駅は目黒川の低地を見下ろす丘にあり、明治時代は駅周辺に人家が少なく、目黒不動のある低地、下目黒（現・目黒区）の方が開けていた。そのため駅は上大崎（現・品川区）にあるにも関わらず、駅名を目黒にしたのだろう。

昭和42年まで駅の北側の町名は品川区上大崎長者丸（現在の同区上大崎2丁目）だった。白金《しろかね》長者と呼ばれた豪族、柳下上総介が屋敷を構えていたことにちなむ。「丸」は、本丸や二の丸など城郭の一郭を指すもので、この場合、白金長者の城塞といった意味とされる。

これも昭和の東急電鉄的発想なら、目黒駅は「長者丸駅」と命名されただろう。そのものズバリ、いかにも高級住宅地といっ

た名称である。実際に目黒駅北側には、その名が町名から消えて50年が経つのに、長者丸の名を冠したマンションが10棟近くある。長者丸の町名ではなかった目黒区のエリアまでその名を冠したものもあるのは、名に強いブランド力がある証拠だろう。

または「金」の付く「白金台駅」と名付けられても不思議ではなく、こちらも富裕なイメージで、どちらも駅名として捨てがたい。

◎恵比寿駅　明治39年開業、仮想駅名（町名忠実スタイル）：「伊達町駅」
恵比寿麦酒《ビール》工場があったための命名である。山手線が明治18年に開業した時、恵比寿駅はなかった。同22年日本麦酒醸造が線路沿いに工場を竣工（現在の恵比寿ガーデンプレイス）、同23年同社は恵比寿麦酒を発売し人気を得た。工場への出入荷を馬車で行っていたが追いつかなくなり、同34年工場隣接地に恵比寿貨物駅を敷設した。

恵比寿麦酒は当初、大黒天麦酒と名付けるつもりだったという。すでに他社がその名称を使っていることが分かり、大黒様と同じ七福神の恵比寿様へと変更したという（『もっと美味しくビールが飲みたい！』）。もしそのままなら恵比寿駅は「大黒天駅」となっていたかもしれない。

同39年10月30日、旅客用の恵比寿駅が現在地に開業した。その二日後、この区間の鉄道会社、日本鉄道が買収・国有化された。通常、一企業の商品名を冠した駅名など、国有化

の際すぐに改称されるところだが、七福神と考えれば一般名称で瑞祥地名でもあることからそのままとなったようだ。

恵比寿駅はいい名だが、あえて周辺の地名から駅名を考えると、「伊達《だて》町駅」（現・恵比寿3丁目の旧住所）などとなる。

渋谷～新宿　谷から尾根筋の最高地点へと上っていく区間

◎**渋谷駅**　明治18年開業、仮想駅名（谷の字を嫌う私鉄風）：「宮益駅」

駅名の由来は165ページ参照。

渋谷という駅名は地形どおりであるし、開業時の村名でもあるので、ふさわしいいい名だと思うが、昭和の私鉄のように「谷」の名を避けるとしたら、駅付近の地名である「宮益駅」が何か益がありそうでいいかもしれない。

◎**原宿駅**　明治39年開業、仮想駅名：なし

鎌倉から奥州へ通じる鎌倉街道の宿駅、原宿村があったことが駅名の由来。ただし原宿村は駅の東側、現在の神宮前1～4丁目や北青山方面に位置していたので、原宿の名は、実は東京メトロ銀座線の外苑前駅や表参道駅が名乗るのがふさわしい。

原宿駅の西側に隣接する明治神宮は完成（鎮座祭）が大正9年であり、駅開業時はまだ

影も形もなく、雑木林や畑だった。町名としての原宿は、昭和40～43年の町名変更で神宮前などに改称され消滅し、駅名がかろうじて残る形となっている。

◎代々木駅　明治42年開業、仮想駅名：なし

江戸時代、代々木の地は「よいき」ともいわれた。由来は、一帯に村民が代々生産にあたったサイカチの木が多かったためとする説、近江彦根藩井伊家下屋敷のモミの木があったことによる説などがある。原宿と共に戦国時代から続く地名である。

井伊家下屋敷は、江戸時代初期には加藤清正の子・忠広が住んだ加藤家の下屋敷だった。現在明治神宮本殿の南側、パワースポットとして訪れる人が多い清正井《きよまさのい》（湧水源の井戸）は、同下屋敷の庭園だった部分である。幕末期、井伊家の家臣がこのモミの木に登って品川沖の米国艦隊を見張ったといわれる。

代々木の駅名は由緒深く、「よいき」ならぬ「良い名」だと思う。

◎新宿駅　明治18年開業、仮想駅名（地形忠実スタイル）：「山手峠駅」

甲州街道の宿場、内藤新宿を簡略にした名称である。徳川幕府が街道を整備した当初、江戸日本橋から最初の宿駅は高井戸宿だった。江戸から約4里（16キロ）あり遠く不便なので、元禄12（1699）年、信濃高遠《たかとお》藩内藤家中屋敷の一部を召し上げ宿駅を開設し、新しい宿場の意味も込めて内藤新宿と呼んだ。東海道の品川宿、中山道の板橋宿、日光街

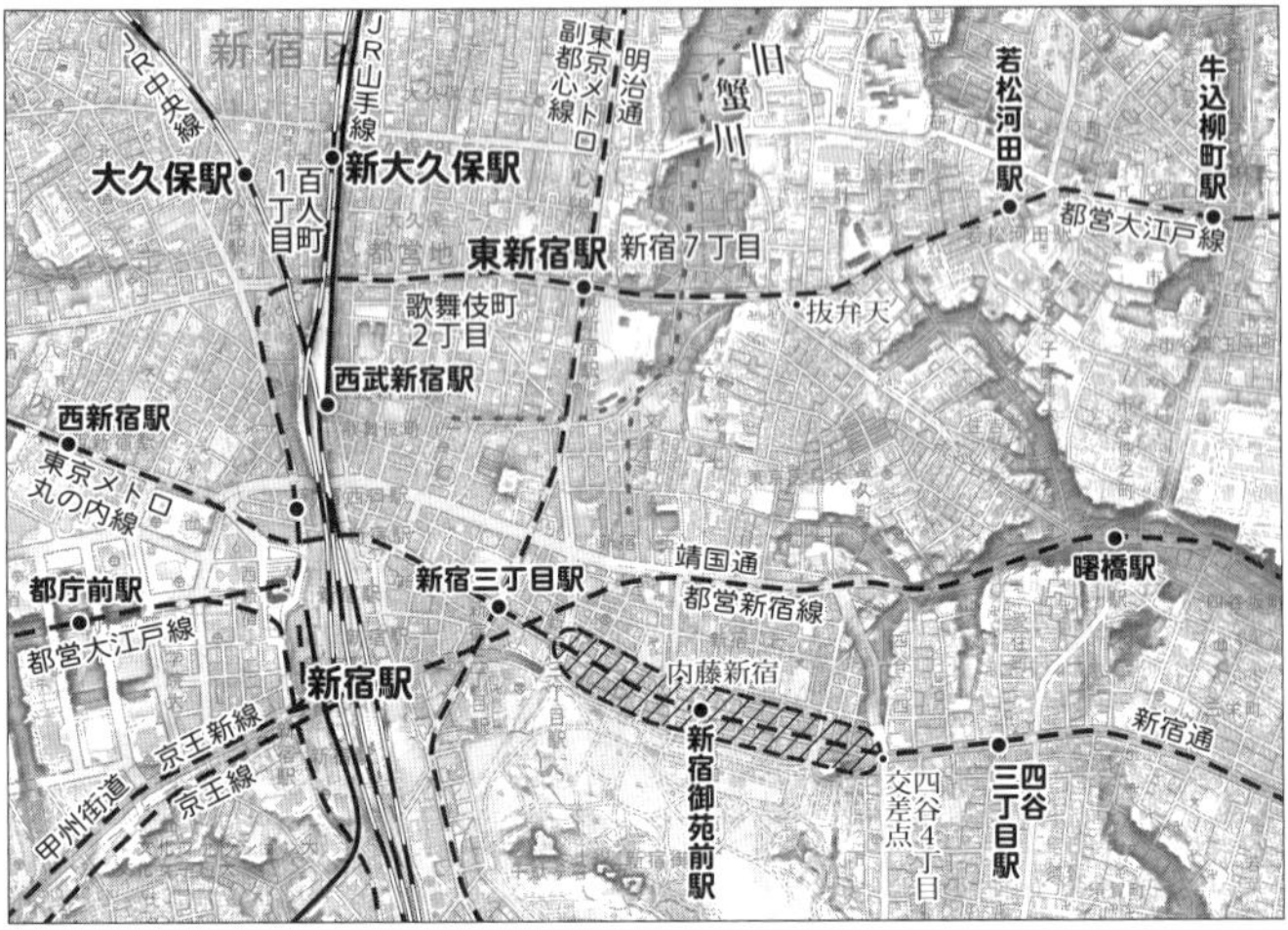

新宿・新大久保周辺

道（奥州街道）の千住宿と共に江戸四宿といわれ賑わっていった。現在の新宿駅南口の新宿通り、駅東側の追分（現・新宿３丁目交差点）付近から四谷４丁目交差点にかけて宿場の町並みが続いていた。

江戸時代は内藤宿とも新宿とも呼ばれていて、鉄道開業時にも新宿という町村名はなかったので、「内藤宿駅」と命名されてもおかしくなかった。地形としては、新宿駅南口を横ぎる形で尾根筋が通っている。それに沿って江戸時代甲州街道と玉川上水が整備された。山手線には六つの峠があり、中でも新宿の尾根筋付近をピークとする第三番目の峠が最も標高が高い。それにちなんで「山手峠駅」または「新宿峠駅」とでも名付ければ、より多くの人が東京の地形

を実感できるかもしれない。

新大久保〜目白　不明の窪地と馬場の平地、石神井川の谷越え区間

◎新大久保駅　大正3年開業、仮想駅名（町名充実スタイル）：「百人町駅」

近くの中央・総武線大久保駅より後に開業したため新大久保としたのだろう。大久保の由来は多くの説がある。①小田原北条氏家臣太田新六郎の寄子衆に大久保姓の者がいて、彼が当地を領していたため　②この地にある永福寺の古い山号が大久保山だったため　③この地に屋敷を与えられた百人組同心の総取締が大久保姓の者だったため　④江戸期の東大久保村と西大久保村との境が大きな窪（久保）地になっていたため。

本書としては、④の大きな窪地がどこなのかが気になる。現在の新大久保駅や大久保駅付近には、大きな窪地はない。明治13年の一万分の一地図で東西の大久保村の境の地を探すと、新宿歌舞伎町の東北側、明治通り東側の新宿7丁目付近が境だったように読み取れる（前ページ地図参照）。その周辺には現在も大きな窪地がある。地下鉄大江戸線・副都心線の東新宿駅の東側から抜弁天交差点の西側を経て北側の戸山公園へと細長く続く窪地である。そこには、歌舞伎町にあった池を水源として北へ向かって流れ、西早稲田を経て神田川へと注いでいた旧蟹川が流れていた。ただし新大久保駅からこの谷までは約1キロ

高田馬場・目白周辺

も離れている。

新大久保駅は現在の新宿区百人町にある。明治時代は大久保百人町といった。徳川家康が江戸に入る際、警固にあたった伊賀組の鉄砲百人同心の屋敷が置かれていたためこの名が付いた。

昭和の私鉄では、窪地を意味する久保の名を駅名とするのを避けていたと思われるのに倣って仮想駅名を付けたいところだが、ふさわしい名が見つからない。歴史的にいえば「百人町駅」、地形ならば山手線最高地点付近の平らな台地なので、窪地とは正反対の「北新宿高地駅」といったところだろうか。

◎**高田馬場駅**　明治43年開業、仮想駅名（正統的命名スタイル）：「戸山駅」

駅から東へ1キロ近く離れた地の名を駅名としている。地下鉄東西線の高田馬場駅と早稲田駅の中間付近、現在の西早稲田3丁目にあった高田の馬場跡に由来する。高田の馬場は広い平らな芝野だった地に、江戸時代前期、弓馬を調練する場として作られた。駅名が高田馬場であることに倣い、昭和50年、駅周辺の戸塚町、諏訪町、下落合などの一部が高田馬場1～4丁目となった。おかげで高田馬場という町名ができたのに、そこには本来の高田の馬場跡はないという珍現象が起きている。

高田馬場は良い名称だが、開業時の地名から命名すれば、「戸塚駅」「諏訪駅」などとなる。また、やや離れていてもかまわないなら、江戸時代の高田馬場よりはやや近い近い戸山を名乗ってもよかったはずである。駅の東側、現在の学習院女子大、戸山高校、戸山公園、早稲田大学戸山キャンパス（旧文学部キャンパス）一帯には、戸山荘と呼ばれた広大な尾張藩下屋敷が広がっていた。江戸で最大の大名屋敷だったといわれ、庭園の築山の箱根山（標高44・6メートル）は山手線の内側では最も高い山として知られている。

戸山の由来は、かつてここに和田戸姓の武士が住んでいたことによる。源頼朝がそこで軍勢を休めたともいう。江戸時代には和田戸明神があった。

駅名としては、由来するものまでの近さ、その規模からいって、高田馬場より「戸山駅」の方が自然に思える。やはり開業当時、山の名を駅に付けるのを意識的に避けていた

証左の一つといえるのではないだろうか。

◎目白駅　明治18年開業、仮想駅名（昭和私鉄スタイル）：「おとめ山駅」

前述の目黒駅に比べて、目白のいわれは数多くはっきりしない。①この地で白い名馬を産したからという説　②三代将軍徳川家光が鷹狩に来た際、目黒に対してこの地を目白と呼ぶように命じたという説　③メジロが木にとまる時、多く並んで押し合う性質があることから目白押しという言葉が生まれた。目白不動の本尊は不思議な効力があり、多くの参詣人が集まり目白押しとなるので、めじろ不動と名付けたという説　④江戸の五色不動の一つ、目白不動があったためとの説。

なお、目白不動尊は現在の文京区関口2丁目にあった新長谷寺の本尊だった。目白駅からは東へ2キロ離れている。太平洋戦争での戦災により昭和20年に廃寺となり、約1キロ目白駅寄りの豊島区高田2丁目の金乗院に移された。場所としては、目白駅からは近くなったわけだ。目白駅から目白不動尊までは距離があるため、61ページで述べたように、地形にちなんで「おとめ山駅」がふさわしいと思う。

池袋～駒込　二つの谷を越え、池や塚、洲など地形由来の駅名区間

◎池袋駅　明治36年開業、仮想駅名：なし

「袋」の意味として、「水辺、または池川などの水に囲まれた土地。各川の落ち合った所」というのがある。また『地名の由来を知る事典』では、「大きな川が洪水でつくった遊水地をさす」ともある。

池袋の由来は諸説あるが、①村の東北方向だけに水田があり、その地が窪地で袋のようになっているので村名になったという説。場所としては、池袋駅の北側の台地の北端、谷《や》端川《ばたがわ》（現在暗渠）の低地へと続くあたり、住所では上池袋4丁目から池袋本町4丁目付近を指すという。

鉄道開通前の池袋駅周辺は荒地や畑地で、開通から6年経った明治42年の地図を見ても、駅の東口側に少し人家があるものの、西口側はまったく人家がない。それに対し、数百メートル北、現在の池袋本町付近及び、反対に数百メートル南、現在の雑司ヶ谷付近には集落が発達していた。駅付近は寂しく、駅をはさんで南北両側離れた地に集落があったわけである。

明治時代半ば、駅の北側の池袋本町は巣鴨村大字池袋字本村であり、①の説を取れば、村名、地形どちらから考えても池袋の地名発祥の地となる。池袋駅起点の東武東上線の北池袋駅から下板橋駅にかけての西側台地が池袋本村、下板橋駅北側の低地が、谷端川が「袋」をなしていたエリアである。その意味では、東上線北池袋駅は、「北」と駅名に付き

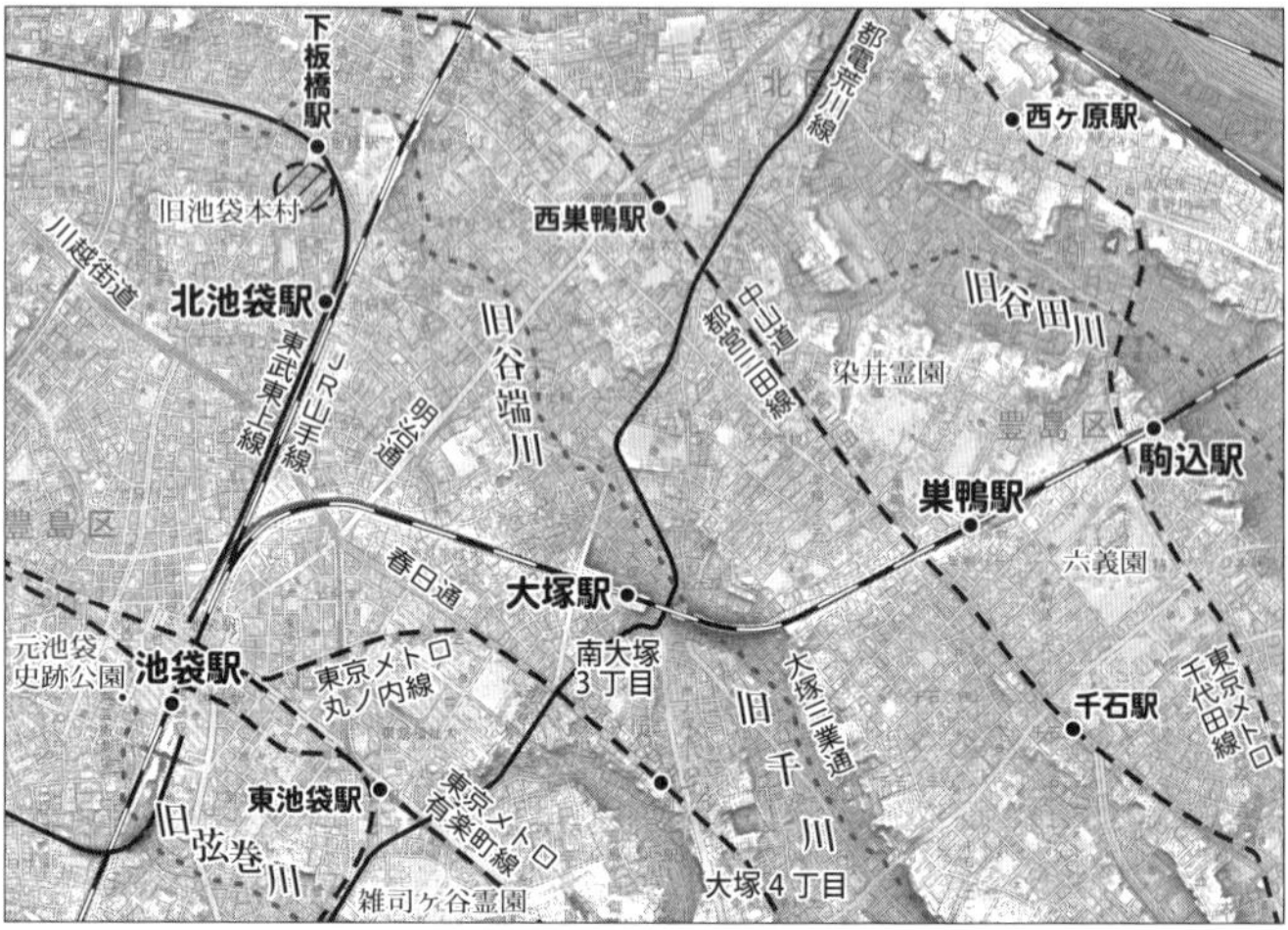

池袋・大塚・巣鴨

ながら本来の池袋（本村）の南に位置していることになる。

もう一つの説は、②付近には昔大きな池があって、しだいに埋まっていったがその名残の池が池袋と雑司ヶ谷の境あたりから東へかけてあったためという説。池の場所としては、池袋駅西口、東京芸術劇場付近にあった元池袋公園の丸池がその名残りだったといわれ、現在隣りに元池袋史跡公園が作られている。

いずれにせよ池袋という名は地形をよく表している。

◎大塚駅　明治36年開業、仮想駅名（地形忠実スタイル）：「谷端千川駅」

「塚」とは、土を盛って墓としたものや、単に墓を意味したりする。大塚の地名の由

来は、太田道灌が狼煙《のろし》の物見のために築いた物見塚とする説や、水戸藩邸内の一里塚とする説などがある。

「塚」が学校名に入るのを嫌った人たちがいた。現在文京区大塚にあるお茶の水女子大学の関係者たちである。同校の前身は明治8年創立の東京女子師範学校で、場所は御茶ノ水の現・東京医科歯科大学の地にあった。昭和7年、現在地の大塚に移転したが、この時には校名を変えることはなかった。昭和24年新制大学へと変わる際、お茶の水女子大学と名付けた。すでに大塚にあるのだから「大塚女子大学」とするのが普通だが、お墓を意味して縁起が悪いとの意見が出て、創立地の御茶ノ水の名を冠することに落ち着いた。御茶ノ水という地が、江戸時代の昌平坂学問所以来、アカデミックな地としてブランド力を持っていたこともあったといわれる。

一方、駅名の方は、あえて無理を押して大塚の名を付けた経緯がある。大塚駅前交差点の名は「巣鴨警察署入口」で、隣駅の巣鴨の名が付いている。駅の住所は豊島区南大塚3丁目だが、その南に文京区大塚1～6丁目がある。すなわち南大塚よりも南の地の町名が大塚となっている。様々な点で紛らわしい。

これは当初山手線の計画が目白駅から先、池袋を通らず現在より南のコースをたどり文京区大塚付近を通って巣鴨駅方面へと続くルートだったことによる。計画を変更せざるを

えなくなったのは、池袋駅の東側に巣鴨監獄（後の東京拘置所、巣鴨プリズンとも呼ばれた。現・サンシャインシティの地）建設計画が持ち上がったためである。大塚駅は場所が変更されたようだが、駅名は当初計画どおりの大塚にされた。大塚駅付近の町名は昭和44年に巣鴨、西巣鴨などから、駅の北を北大塚、南を南大塚へと変更されている。巣鴨という町名だった地が南大塚となったため、その南に大塚があることになってしまった。その混乱よりも、大塚駅付近の住所が隣の駅名の巣鴨だという混乱の方が大きいとみなしての変更だったのだろう。

こうした経緯があるので、ここも仮想駅名を考えてみた。大塚駅のすぐ東側で今は暗渠となった谷端川が線路をくぐる。池袋の名の由来（説）となった川である。駅の南側にかつて花街として名を馳せた大塚三業通りがあり、これは谷端川跡の道である。谷端川は大塚駅の少し南、文京区に入ったあたりで千川と名を変えていた。川跡が現在千川通りとなっている。千川はさらに小石川、礫川《れきせん》と名を変えて神田川に注いでいた。単独に川の名だけを駅名にすると上流から下流までのどの付近なのか判然とせず混乱するので、通常それは禁じ手だが、ここは名が変わる地点なので、両方の名を入れて谷端千川駅とでもすれば地形と歴史が認識されやすくていいと思う。

◎巣鴨駅　明治36年開業、仮想駅名（正統地名スタイル）：「染井駅」

巣鴨の名は、大きな池があって鴨が群れて棲んでいたから「洲鴨」といったとの説や、近くに石神井川が流れそれに臨んでいたので「洲処面」と名付けられた説などがある。大きな池がどこなのかが気になる。戦国期からある地名なので、近くの六義園の池のことを指すのではないことだけは明らかだ。六義園は元禄期に柳沢吉保によって作られた庭園である。池の場所は不明だし、石神井川も巣鴨村の北端から距離がある。謎が多い地名である。

巣鴨駅付近の一部は大正6年まで上駒込村字南染井だった。染井は桜のソメイヨシノ(染井吉野)の名で広く知られる。染井村では造園業が盛んで、ソメイヨシノは江戸末期頃に、付近の造園師や植木職人によって育成された。巣鴨駅は「染井駅」、大塚駅が「巣鴨駅」と命名されていれば、しっくりいったはずである。

◎駒込駅　明治43年開業、仮想駅名：なし

駒込の由来は、古事記や日本書記に登場する日本武尊《やまとたけるのみこと》が東征の途中、味方の軍勢を見て「駒込たり」といったためという説、原野に馬(駒)が多く群がっている様子からとの説、古来渡来人の高麗人が住み高麗籠が駒込に転訛した説などがある。

田端〜上野　武蔵野台地の東端の下を走る

駒込—田端間。ここの台地を切り通しで抜けると、下町低地へと出る

◎田端《たばた》駅　明治29年開業、仮想駅名（昭和私鉄スタイル）：「田端台駅」

田端の地名は戦国時代から見える。由来は、田の端にある集落を意味するとされる。田端駅は武蔵野台地の東端の崖下に位置し、そこから東側は広大な下町低地となる。低地一帯には水田が広がっていた。駅より西側の台地に水田を作るのは困難なので、田端駅の地はまさに田の端にあたる。

台地の上には線路に沿って田端高台通りと名付けられた道が延びている。◯◯台や◯◯ヶ丘と付けるのが好きな昭和の私鉄だったら、確実に「田端台駅」と命名しただろう。

◎西日暮里駅　昭和46年開業、仮想駅名（昭和私鉄スタイル）：「道灌山駅」

日暮里駅。写真左側の高台に線路と平行して諏訪台通りが延びる

駅は日暮里駅の西ではなく北北西にある。「北日暮里駅」としなかったのは、町名を重んじたためだろう。日暮里駅付近を境として町名は東日暮里と西日暮里に分かれ、西日暮里駅は西日暮里（町）にある。道灌山については58ページ参照。

◎日暮里駅　明治38年開業、仮想駅名（昭和私鉄スタイル）：「諏訪台駅」

日暮里は元来、新堀と書いたとされ、新堀氏がこの地に居を定めたためだとする説、新出城の土塁と堀があったためだという説などがある。江戸時代中期から日暮里と表記されるようになった。道灌山など周辺の台地が眺めがよいことから別読みして「ひぐらしの里」と喧伝され、江戸名所の一つとなった。

西日暮里駅南方に諏方神社があり、同駅から日暮里駅にかけての高台に諏訪台通りが通じている。ここも昭和の私鉄的感覚なら「諏訪台駅」と名付けただろう。だがやはり趣深い日暮里駅の名が最適に思える。

◎鶯谷駅《うぐいすだに》　明治45年開業、仮想駅名：なし

お隣の日暮里駅の西側、七面坂下や霊梅院付近の谷（現・谷中3・5丁目）は、江戸時代、鶯が生息する名所となり鶯谷と呼ばれた。昭和41年まであった町名の谷中初音町も鶯の音にちなむ。関東の鶯は訛りがあり京都の鶯は音色に優れるとされ、寛永寺の門主などにより上方から鶯を取り寄せて多数放たせたという。

とすると、日暮里駅にこそ鶯谷の駅名がふさわしいことになるが、鶯谷駅付近にも鶯が放たれて鶯谷と呼ばれた地があったようで、同駅が鶯谷駅となった。

◎上野駅　明治16年開業、仮想駅名：なし

都心の山で、最もポピュラーなのが上野の山だろう。武蔵野台地の東端にあたり、西側の旧藍染川《あいぞめがわ》の谷も含め三方を低地に囲まれている。江戸時代は徳川将軍家菩提寺の寛永寺境内であり、現在は博物館、美術館、動物園などの文化施設が立地する上野公園や東京芸大、寛永寺霊園などとなっている。

地名の由来は諸説あり、最も有力とされるのは①上野の山の地が小高い（低地より上に

ある）野原だったためという説。ほかには②寛永寺が創建される前、その地に藤堂高虎の邸宅があった。付近の地形が高虎の国許《くにもと》である伊賀国上野と似ていたことにより名付けられたという説　③松や杉が繁り人跡が絶え、鳥の糞ばかりであったことから烏穢野としたという説　④平安時代、小野篁《たかむら》が上野国《こうずけのくに》（現在の群馬県）での任を終えて京都に戻る時、当地にしばらく留まったためという説などがある。

◎御徒町《おかちまち》駅　大正14年開業、仮想駅名：なし

三代将軍徳川家光の頃から置かれた幕府御徒組の屋敷が並んでいたことによる。御徒組とは、馬に乗るのが許されない下級武士の組をいう。なお山手線はここから先、周囲に凸凹起伏のない低地を進んで行く。

◎秋葉原駅　大正14年開業、仮想駅名：なし

名の由来は、火事除けの霊験で知られる秋葉権現による。明治2年外神田（神田川の北側）一帯が焼野原になる大火があった。東京府は焼け跡の一部に家屋の復興を許さず、火除け地を設け、火の神を勧請する神社、鎮火社を創建させた。江戸時代以来、人々は神仏混淆の秋葉大権現を火防の神として信仰していて、秋葉大権現が勧請されたものと誤解し、鎮火社を秋葉様と呼び、周辺の火除け地を秋葉の原と呼んだ。

明治23年、秋葉原貨物駅が設けられた際、鎮火社は現在地（台東区松が谷）に移転し、

同社は後に秋葉神社に改名している。

◎神田駅　大正8年開業、仮想駅名：なし

江戸時代以前から、伊勢神宮に神供を納めるための田の地だったとする説などがある。

◎東京駅　大正3年開業、仮想駅名：なし

慶応4（1868）年7月17日、「江戸を称して東京とする」との詔書が出され、京都に対して東の京である東京の呼び名が決定した。

東京駅の開業は、明治5年最初の鉄道開通（新橋―横浜）以来、42年も経ってのことだった。東京の中央停車場として作られ、丸ノ内と皇居方面からの利用を前提に建設されていた。反対の京橋側は、現在の外堀通りがその名の通り外濠となって水をたたえ駅と京橋の繁華街とを隔てており、京橋側には当初改札口もなかった。

◎有楽町駅　明治43年開業、仮想駅名：なし

織田信長の弟、織田有楽斎の屋敷があったため、江戸時代には有楽原と呼ばれていたことにちなむ。屋敷は現在の有楽町駅からその西側にかけてあったとされる。

◎新橋駅　明治42年開業、仮想駅名：なし

銀座の南端、外濠にかかっていた橋の名にちなむ。江戸時代後期には俗に新橋と称せられていたという。

日本で初めての鉄道開通にあたり、始発駅の名を新橋としたことは興味深い。町名に新橋が使われるのは昭和以降であり、当時はあくまで一つの橋の名だった。地名でいえば、「芝口駅」、「汐留駅」としてもおかしくなかった。または1キロほど離れているが「愛宕山駅」としてもよかったはずである。江戸時代の街道の起点が日本橋という橋の名だったことと同じ形となっている。

◎浜松町駅　明治42年開業、仮想駅名：なし

江戸時代、近くの増上寺の代官、奥住久右衛門が名主を勤めていたので久右衛門町と称した。その後の元禄年間、遠江《とおとうみ》（現・静岡県）浜松出身の権兵衛が名主となり浜松町と改称したという。開業時、同駅のすぐ近くは海辺だった。付近に浜の松原でもあったのかと思ったが、静岡県の町の名が由来だった。

◎田町駅　明治42年開業、仮想駅名（歴史重視スタイル）：雑魚場駅

江戸時代、あたり一円は田畑ばかりだったのが、次第に町並みができていったので、田町とされたという。江戸時代、付近は砂浜の海岸で、魚の水揚げ地となり雑魚場《ざこば》と呼ばれていた。駅開業は鉄道開通の40年近く後だが、当時でも田町駅付近は現代のように埋め立てが進んでおらず、線路は海岸線のすぐ近くを走っていた。「雑魚場駅」とでも命名していたら、海岸線近くにあったことが想像しやすかっただろう。

第5章

好まれ避けられ様々な!? 「谷」の付いた駅名

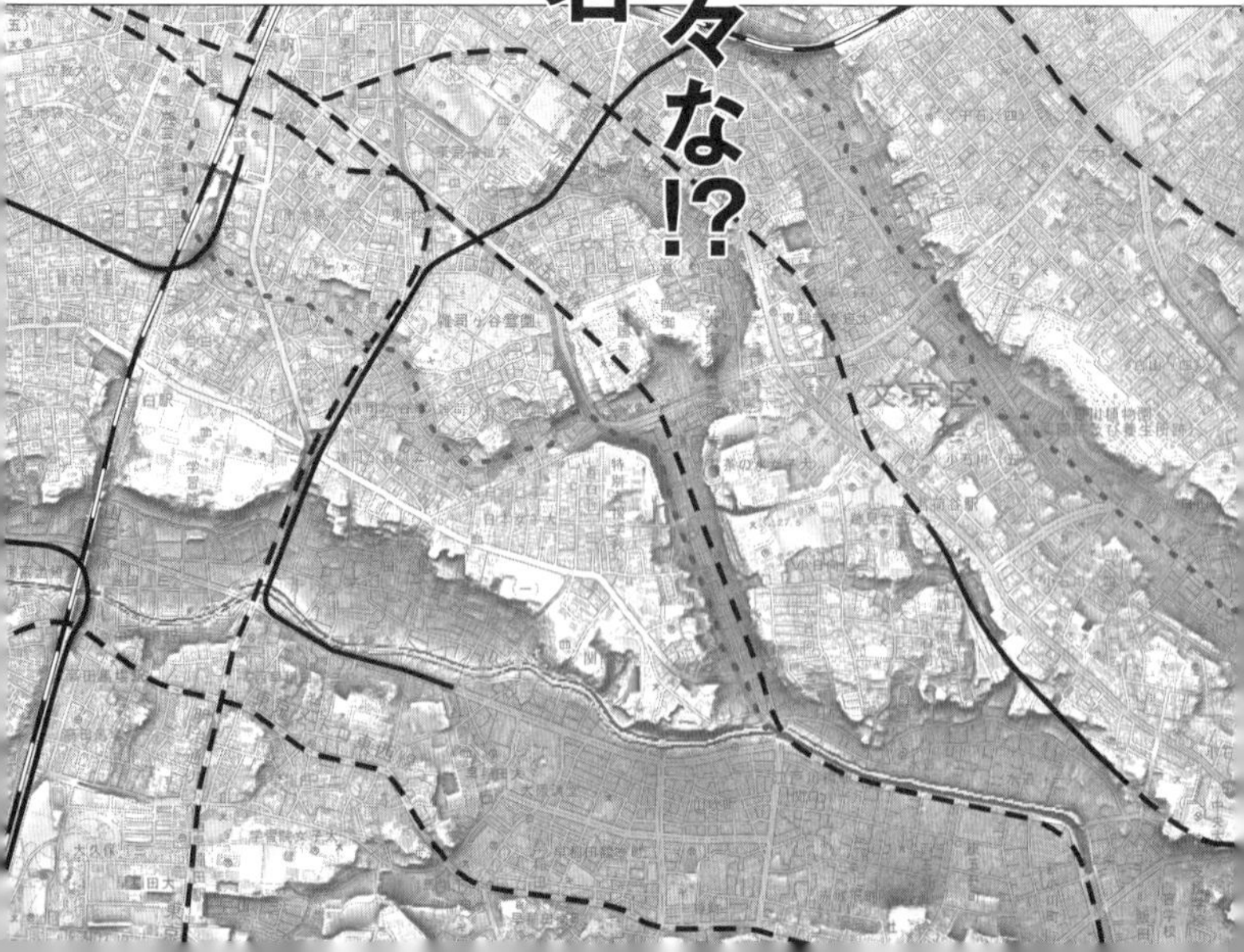

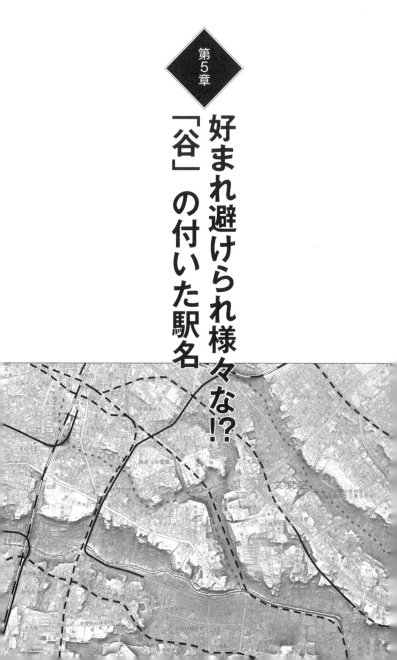

5-1 ○○谷駅の謎!? 「谷」が付く駅は JRと地下鉄に多く、私鉄はとても少ない

これまで「山」や「丘」、「台」など高い所を示すものについて見てきたが、逆に低い土地を示す駅名についてはどんな傾向があるだろうか。

「谷」とはどういうものなのか確認しておこう。「地表の隆起部の間にある細長く凹んだ地形」（『広辞苑』）とある。都心で手っ取り早くこの意味での谷を実感したければ、中央・総武線御茶ノ水駅のホームに降り立てばいい。ホームの北側が本郷台、南側が駿河台の高台で、ホームはその下、東西に流れる神田川の谷の中にある。またこうした地形ではない場所も谷と呼ぶことがある。深い窪地でなくても、江戸の近在では「草など茂って水のある所」も「谷（ヤ）」と呼んでいた（『日本国語大辞典』（小学館））。

「谷」が付く駅についてすべてリストアップしてみると、ここでも意味ありげな傾向が現れた。都内に限ると特徴が顕著になるので、都内の例を示してみよう。

ＪＲと地下鉄では以下の駅があった。

〈東京都内〉
・山手線…渋谷（明治18年）、鶯谷（明治45年）
・中央線…市ヶ谷（明治28年）、四ツ谷（同27年）、千駄ヶ谷（同37年）、阿佐ヶ谷（大正11年）
・東京メトロ…茗荷谷、四谷三丁目、南阿佐ヶ谷（丸ノ内線）
　入谷、日比谷、神谷町（日比谷線）
　王子神谷（南北線）、雑司が谷（副都心線）
王子神谷駅と雑司が谷駅が平成、それ以外が昭和の戦後開業である。
・都営地下鉄…なし（他社線との乗換え駅の日比谷、市ヶ谷は除く）
このように　JRと東京メトロには、多いというほどではないが、それなりの数がある。
一方、私鉄（東京メトロを除く大手7社）になると、都内の駅では、次の7駅となる。
・東急池上線…雪が谷大塚（大正12年、雪ヶ谷として開業）
・東急世田谷線…世田谷（大正14年）
・京王線…幡ヶ谷（大正2年）
・小田急小田原線…世田谷代田（世田ヶ谷中原として昭和2年開業）、祖師ヶ谷大蔵（各昭和2年）

・西武池袋線…保谷《ほうや》（大正４年）
・京急空港線…糀谷《こうじや》（明治35年）　・東武…なし　・京成…なし

区名の世田谷が付くものを除けば、大手私鉄ではかなり少ない。しかも地下鉄以外ではすべて昭和初期までにできたもので、それ以後はできていない。

都内に限らず、大手私鉄に関し全線のエリアに対象を拡大してみよう。

〈都外〉（越谷の例など重複する地名は1駅のみ掲載）

・ＪＲ東海道本線…保土ヶ谷　・ＪＲ南武線…谷保　・ＪＲ武蔵野線・南越谷
・東武…谷塚、越谷（北越谷駅なども含む）、鎌ヶ谷、国谷、大谷向
・京急…井土ヶ谷　・東急…梶が谷　・京成…谷津　・新京成・新鎌ヶ谷
・相鉄…西谷、瀬谷　・横浜市営地下鉄…上永谷、下永谷

これだけである。これまで何度が述べてきたように、ＪＲ山手、中央線や大手私鉄沿線は、丘あり谷ありミニ山岳地帯としての起伏に富んでいる。地形として目立った谷のないのは京急と京成の都内区間くらいだ。山手線や中央線と同じように、大手私鉄駅に「谷」の付く駅名がある程度の数あってもおかしくないのに、ほとんど存在しない。

また東急東横線学芸大学駅のように、碑文谷《ひもんや》駅として昭和２年に開業し、後にこの「谷」の付く駅名から改称した例もある（昭和11年青山師範駅などを経て同27年現駅名に）。

5-2 四ツ谷の「四つの谷」とはどこのこと？ 市ケ谷も四ツ谷も「谷」があるのに谷でない？

「谷」の付く駅の実態を知るために、「谷」の駅が頻繁に現れる中央・総武線市ヶ谷駅―四ツ谷駅―信濃町駅―千駄ヶ谷駅付近の地形を眺めてみたい。

一帯はいくつもの谷が台地の中に入り組んでいる。四ツ谷駅を通って東西に延びる新宿通り（かつての甲州街道）は、分水界になっている。たとえば四ツ谷駅より北側に降った雨は旧紅葉川の谷や外濠を経て神田川、さらに隅田川へと注ぐ。南側に降った雨は、赤坂見附を経て旧赤坂川の谷を流れ東京湾へと注ぐ。分水界は谷の最奥、終点のすぐ上ともいえる。

四ツ谷駅そのものが南北に続く谷の中にある。だがこれは三代将軍徳川家光の時代に造成された外濠の一部であり、人工的な谷である。外濠には区画ごとに名称があり、駅の南側に続くのが現在上智大学グラウンドなどになっている真田《さなだ》濠、北側に続くのが市ヶ谷濠である。

四ツ谷の「谷」とはどこを指すのだろうか。四ツ谷の名の由来は主に二つの説がある。その一つが、①梅屋、木屋、茶屋、布屋の4軒の茶屋があったため、四ツ屋と称し、後に四谷と記すようになったという。なんと、四ツ谷の由来は「谷」ではなく、茶屋の「屋」だったという。それなら最初から世田谷の三軒茶屋のように四軒茶屋とでも名乗って欲しかった。甲州街道沿いなので茶屋がたくさんあってもおかしくない。

もう一つの説が、②千日谷、茗荷谷、千駄ヶ谷、大上谷という四つの谷があったためとされる。千駄ヶ谷も含まれているので、ずいぶんと広い範囲のようだ。実際、四ツ谷の範囲とは、東は四谷御門（現・四ツ谷駅東口）、西は内藤新宿（現・地下鉄新宿三丁目駅付近）、南は鮫ヶ橋（現・信濃町駅東方）・千駄ヶ谷、北は市ヶ谷・大久保に至ったという。四ツ谷駅よりだいぶ西の方までが四ツ谷ということになる。現在の地下鉄四谷三丁目駅を中心に約1キロ四方といったところだろうか。

千日谷は信濃町駅付近を北に枝分かれしながら伸びる谷で、旧赤坂川源流、千駄ヶ谷は千駄ヶ谷駅の西から南方にかけて、現在の町名での千駄ヶ谷一帯である。茗荷谷は、同名の地下鉄丸ノ内線茗荷谷駅付近とは異なるようで、場所は不明。

大上谷の地もどこか分からない。谷筋としては、①四ツ谷駅北方、防衛省のある高台の下、旧紅葉川から市ヶ谷駅付近の外濠への谷　②赤坂見附付近や紀尾井町清水谷公園付近

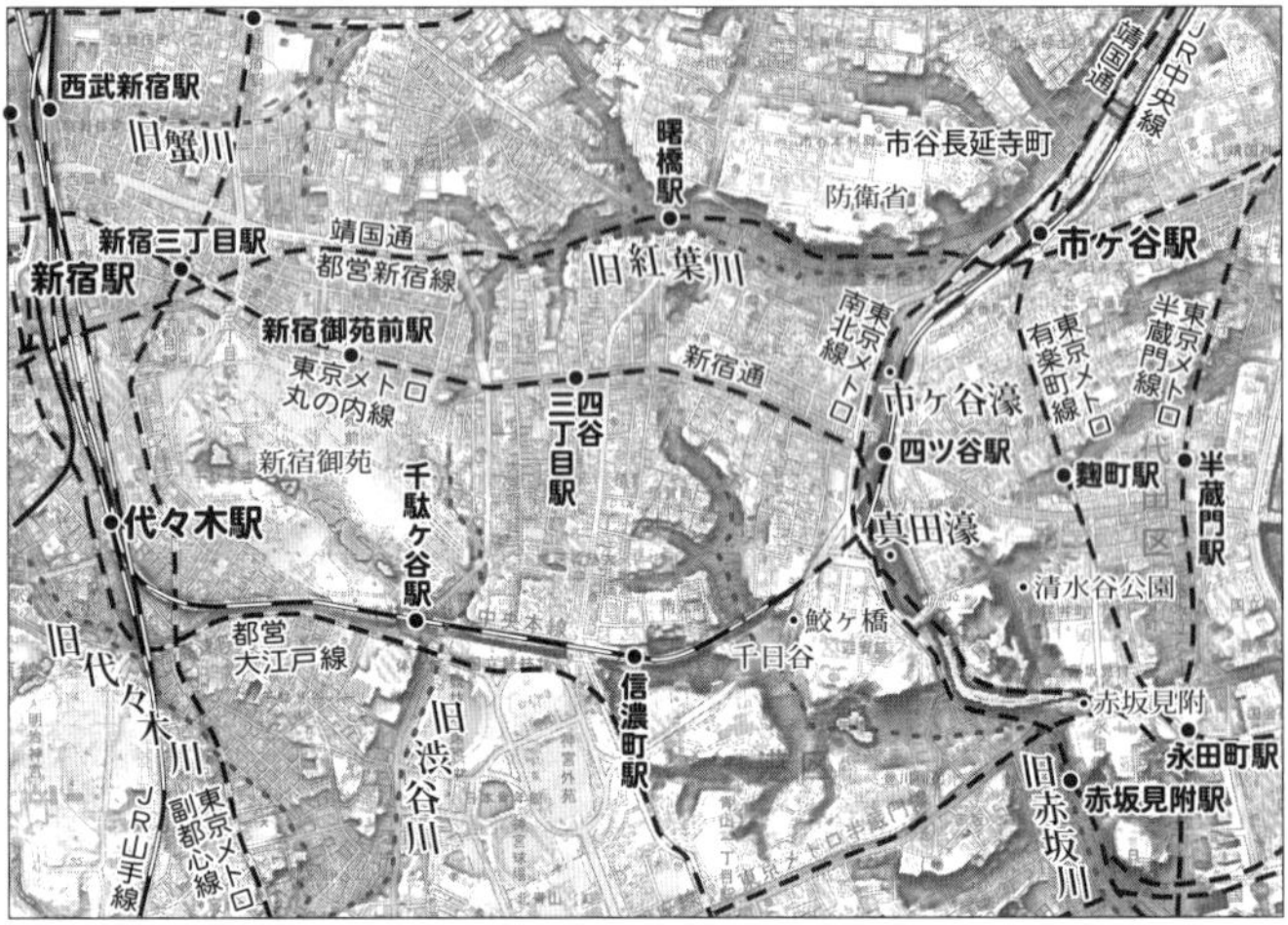

四ツ谷の由来の「四つの谷」とは？

からの谷　③四谷の範囲が大久保付近までとあるので、新宿歌舞伎町付近から戸山公園、西早稲田方面への旧蟹川の谷。以上の可能性が考えられる。

茗荷谷の場所もこれら①〜③のいずれかとも推測できる。

千駄ヶ谷駅　［中央線、明治37年開業］

駄とは、馬または牛一頭に背負わせるだけの分量をいう。千駄ヶ谷の由来は、①当地一面が萱野であり、一日に千駄の量を出したため　②太田道灌が巡見した際、「この谷一面の稲、千駄もあるべし」と述べたため　③千駄もの多数の薪を焚いて雨乞いした谷のため、などの説がある。

町域は、千駄ヶ谷駅の南側の台地から旧渋谷川、旧代々木川の谷付近である。

四ツ谷駅で地上に顔を出す丸ノ内線。写真左が旧真田濠の上智大グラウンド

市ヶ谷駅の由来も謎に包まれている。

市ヶ谷駅 ［中央線ほか、明治37年開業］

①往古、市の立った地で、売買が行われるので市買と書かれ、それが市ヶ谷に転訛したという説。ここでも谷とは関係ない説が存在した。②このあたりに長延寺谷という大きな谷があり、一の谷とも呼ばれたことからから市ヶ谷となったという説。長延寺の名は、現在も市ヶ谷駅から外濠を隔てた台地に市ヶ谷長延寺町として存在する。明治時代は市ヶ谷長延寺谷町といい、実際に窪地がある。

市ヶ谷の名の元となった谷が、この小さな谷なのか、それとも市ヶ谷駅付近一帯の外濠の谷を指すのか、はっきりしたことは分からない。

5-3

谷底に位置する渋谷駅
谷を横断するインフラの歴史とは

東京の谷の代表格といえば、知名度と地形の規模からいって渋谷だろう。道玄坂、宮益坂、公園通り周辺の坂など、各方向からの坂を下った所に渋谷駅がある。渋谷駅は正真正銘、谷底にあるわけだ。

現在、駅周辺は、歴史的ともいえる再開発工事の真っ最中である。ＪＲ埼京線ホームを、かつて東急東横線ホームがあった付近へ移動させて山手線ホームに隣接させる工事や、銀座線渋谷駅を東に約１３０メートル移設して、東口広場や明治通りの上に新しいホームを作る工事などが行われている。また、ＪＲ渋谷駅ホームの真上と横に三つのビルも建設する。とくにその一つである東棟は、地上47階、地下７階という渋谷最大規模のものとなる。これらの完成は２０２７年予定で、駅周辺を舞台に東急百貨店とパルコ（西武）が若者向けイメージ戦略で争った時代からは、完全に次の時代に移ることになる。

ちょっと見方を変えてみると、渋谷駅とその周辺の発展の歴史は、渋谷の谷を、谷底ま

で下りずに横断するインフラ工事の歴史ともいえる。それを述べる前に、渋谷の谷の地形を押さえておこう。

　122ページの山手線線路の縦断面図を見て気づいたことがある。最も谷底らしい位置にあるのは高田馬場駅の北側付近と大塚駅で、渋谷駅はさほど谷にあるようには見えない。高田馬場駅付近の場合、深さ約20メートル近くある谷に位置しているのがはっきり読み取れるが、渋谷駅といえば、恵比寿駅付近から代々木駅まで、だらだらと上っていく途中の地のようでもある。なぜ山手線断面図では、渋谷が谷らしく見えないのだろうか。

　高田馬場駅は、すぐ近くで神田川が山手線をくぐっている。大塚駅でも旧谷端川（下流での呼び名は小石川）の谷がクロスしている。だが渋谷駅では、山手線が越える谷はない。これは渋谷独特の地形による。

　渋谷駅周辺では、アルファベットの大文字のYの形で谷が続いている。Yの字の各部分を漢字の書き順と同じいい方を

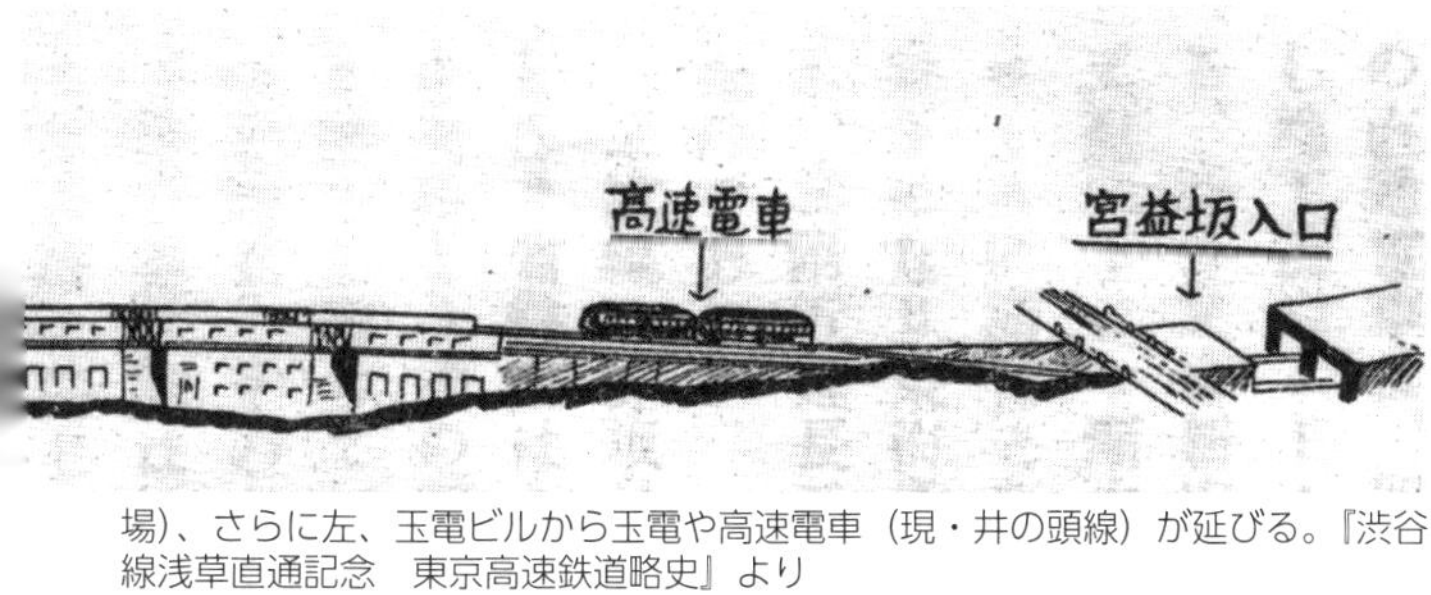

場)、さらに左、玉電ビルから玉電や高速電車（現・井の頭線）が延びる。『渋谷線浅草直通記念　東京高速鉄道略史』より

すると、第一画目、左上からの斜めの線が宇田川の谷で、小田急線代々木八幡駅方面から続いている。第二画目、右上からの斜めの線が旧渋谷川上流の谷。旧渋谷川は新宿御苑の池を源流とする。第三画目、文字下半分の縦線が渋谷川下流の谷となる。渋谷駅は、Ｙの字の真ん中、宇田川と渋谷川が合流する付近に位置している。

　鉄道路線としては、このＹの字に沿って走っている限り、谷沿いに進むことになるので、たいした障害は出てこない。ＪＲ山手線は原宿方面から渋谷、恵比寿と進む場合、第二画目、第三画目と素直に進むので、トンネルなどもなく、車窓を眺めていても渋谷の谷に出入りするという実感が湧かない。山手線は明治18年の開業時から大正時代半ばまで、この谷筋ルートを今のように築堤上の高架ではなく地上を走っていた。

　ところが後にできる渋谷の私鉄、地下鉄では異なってくる。今度はＹ文字ではなく「¥」の記号でたとえると分かりやすい。加わった横棒二本は、上が国道２４６号のバイパスにあ

昭和 14 年頃、渋谷の谷を横断する鉄道の姿。宮益坂入口から東横ビル（３階）までが東京高速鉄道（現・東京メトロ銀座線）、その左に国鉄渋谷駅（渋谷停車

たる道玄坂と宮益坂、下が京王井の頭線と東京メトロ銀座線にあたる。

道玄坂は駅前のハチ公前広場から西に上る坂、宮益坂は東に上る坂である。山手線の地上時代には、現在の駅前スクランブル交差点すぐ隣りの山手線ガード部分は踏切だった。明治時代末頃から市電や玉電といった路面電車がこれらの急な坂（市電は宮益坂、玉電は道玄坂に並行する専用軌道）を上り下りしていた。この時代は、渋谷の谷の地べたを横断していた時代といえる。（以下、左ページの大正時代地図と27ページ現代の地図参照）。

昭和に入ると、私鉄による郊外電車の時代が到来して、渋谷駅はそれらのターミナルとなった。井の頭線（昭和8年開業）では、渋谷駅ホームが地上より高い二階にあるのに、渋谷駅という谷底から出るのに坂を上ることなど考えもしなかったように、駅を出るとすぐトンネルに入り、隣の谷に位置する神泉《しんせん》駅で地上に顔を出す。スピードが要求されるので、坂をゆっくり上り下りなどしていられないのだ。

昭和13年、東京メトロ銀座線（当時の名称は東京高速鉄道）が出現する。第4章でも述べたように、標高約30メートルある青山方面の台地の地下から標高約15メートルしかない渋谷の谷に至ると自然と地上に顔を出してしまう。そのまま地上の人に見上げられながら渋谷の谷を高架で進み、東横百貨店3階のホームへと進んだ。

この時初めて、地下鉄と井の頭線によって、渋谷の谷を東西に空中（ビルの上階や高架

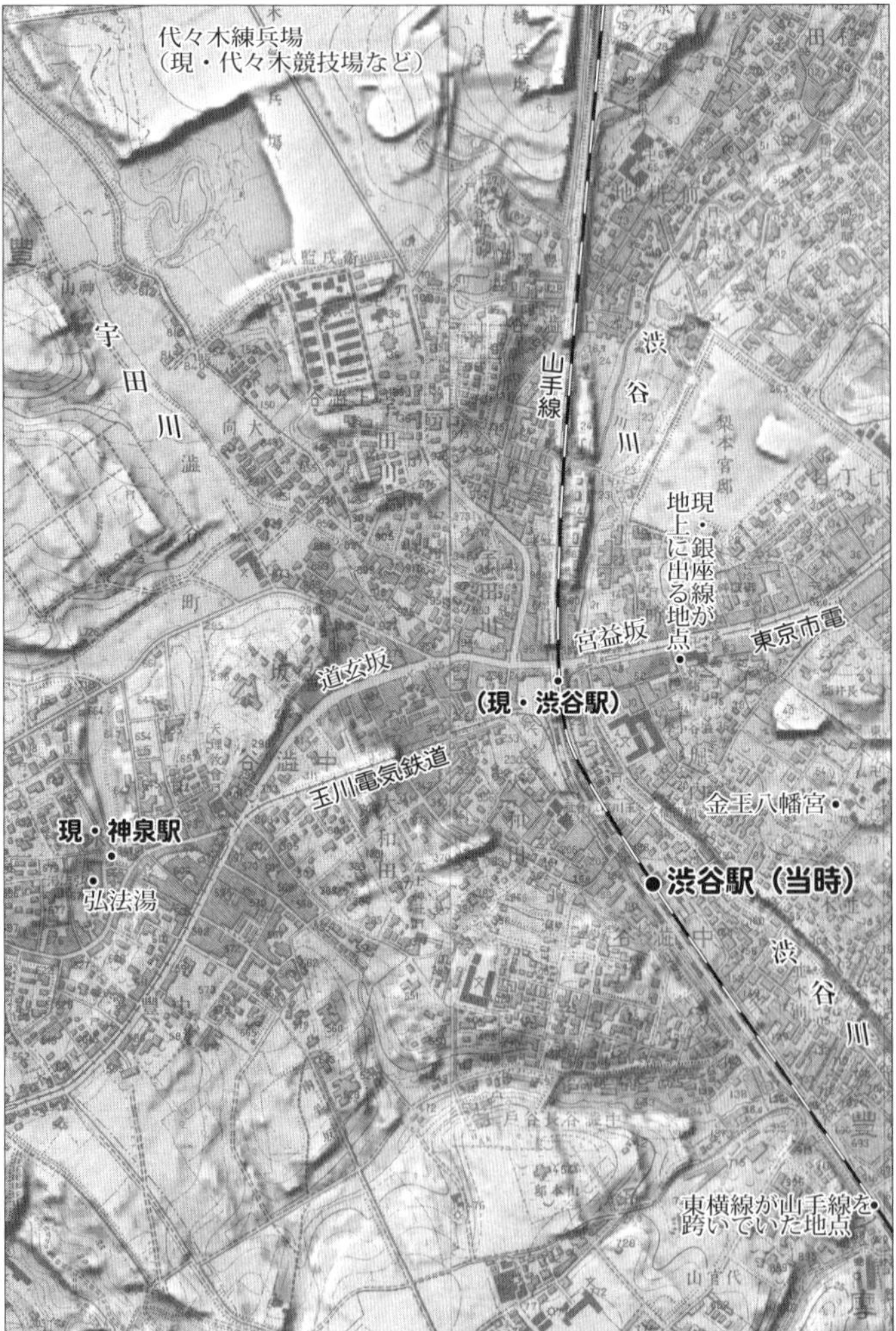

大正時代の渋谷駅周辺（大正５年修正測図１万分１地形図に、カシミール 3D＋スーパー地形で標高データを合成）

渋谷スクランブル交差点。まさにスリバチの底に位置する

橋）で横断するインフラができあがった。鉄道でいえば、地上レベルには市電と玉電、二階レベルには山手線と東横線、井の頭線、三階レベルには地下鉄といった布陣で、役者が出そろった形である。昭和14年には玉電も玉電ビルの二階からの発着となり、空中横断の担い手に加わった。渋谷駅がこれだけ多層建てとなったのは、ほどよい大きさの谷の地形ならではといえるだろう。

その後東口に屋根付きの歩道橋が作られ、歩行者は東急文化会館（現・渋谷ヒカリエの地）二階から渋谷駅へと空中回廊で向かうことができるようになる。西口側の建物と合わせれば、人も地表に降りずに渋谷の谷をほぼ横断できるようになった。

現在進行中の再開発事業が完成すると、

さらにダイナミックな谷の横断となる。宮益坂上から銀座線地下鉄の上に作られるスカイデッキを通って山手線渋谷駅を跨ぎ、その先に続くスカイデッキで道玄坂上へと向かえる。谷の両端の台地に近い高さで歩行者が谷を横断できてしまう。一般にビルが林立すると、視界が遮られ地形を認識しにくくなる。だが渋谷の例は、開発が進んでも谷を実感しやすい珍しい例になるかもしれない。

地名の由来は、地形の「谷」とは無関係？

渋谷の地名の由来も諸説ある。①付近では少し掘れば海の砂が出てきたという。そのため「塩谷の里」と呼ばれた。それが訛って渋谷となったとの説。②この地を流れる川の水が赤さび色の「シブ色」だったためとする説。③近くの金王神社社記にある渋谷氏説。高《たか》望王《もちおう》の後裔、平武綱は、子の重家と共に後三年の役で源義家の軍に従って活躍し、その功により武蔵谷盛《やもり》庄の土地と河崎土佐守基家の名を与えられた。その後重家は京都に上り、御所の警備にあたっていた。ある晩、御所に二人の盗賊が忍び込んだ。重家は一人で盗賊を退治した。この話を聞いた堀河院は、盗賊の名が渋谷権介盛国であったことから、重家の勇気をたたえて重家に渋谷氏を名乗らせ、彼の領地であった谷盛庄も渋谷庄という名称に変えた。これが渋谷の発祥だという説である。

5-3 渋谷の最奥にある神泉駅 谷の端には湧水があり、霊水も湧いた!?

井の頭線電車が渋谷駅を出てすぐトンネルに入った後、すぐにまた地上に顔を出す地点に神泉《しんせん》駅（昭和8年開業）がある。渋谷駅付近の入り組んだ小さな谷の最奥部分で、両駅間は約500メートルと短く、電車はまだ渋谷の谷を抜け出ていない（27、163ページ地図参照）。

谷の奥や端には、水源となる湧水があることが多い。神泉駅付近には、霊水とされた水が湧き出ていた。空鉢仙人がこの谷の水を使って不老長生の薬を練ったというのが名の由来である。神泉駅の南側すぐの所に、霊水を使った共同浴場の弘法湯があった。江戸時代からのもので、世田谷の淡島神社のお灸が流行り、灸をした後、弘法湯に入ると効果があるとされて評判になった。明治時代には、隣に料理旅館と休息所を兼ねた神仙館が建てられて繁盛し、付近には飲食店や芸妓屋もできてきた。道玄坂や、花街として知られる円山町の繁栄を築く原点の地だったともいわれる。

渋谷川支流の谷に位置する神泉駅前踏切。トンネルの先が渋谷駅

電車は神泉駅を出るとまたすぐにトンネルに入り、抜けると渋谷区から目黒区へと変わる。トンネルの出口付近を区界の道が横ぎっている。江戸時代の三田上水（玉川上水の分水）を暗渠とした上にできた道であり、渋谷川と目黒川の分水嶺にあたる。ここで渋谷の谷から完全に抜け出た。

さらにいえば、この付近を流れる三田上水は、江戸時代の市中（御府内）と市外とを分ける境界線となっていた。江戸の範囲を示す朱引線（幕府が定めた御府内の範囲を地図上で示した線）がこの地点に引かれている（『復元・江戸情報地図』より）。渋谷駅も神泉駅も江戸市中になるが、トンネルを抜けると、そこは江戸市外だったというわけだ。

5-5

早稲田ミョウガの地、茗荷谷駅 鬼子母神の地、雑司が谷駅

　巻頭カラー地図を見ていただければすぐに分かるように、山手線の中で最も大きな谷は、東西に貫く神田川の谷である。さらにその谷に向けて、支流の谷が幾筋も存在する。東京メトロ丸ノ内線の茗荷《みょうが》谷《だに》駅と副都心線雑司《ぞうし》が谷《や》駅は、そうした小さな谷付近に立地する。地下鉄はとくに「谷」の名を付けることを忌避していないようなので、当然のようにこれらの駅名が付けられたのだろう。

　茗荷谷駅周辺の谷は、神田川支流の谷の中でもとくに小規模だ。だが深く台地を刻んでいて、地下鉄丸の内線は池袋から茗荷谷駅（昭和29年開業）まで地下を進むが、茗荷谷駅を出て谷の部分に至ると地面が急に低くなるので地上に出てしまう。そのまま谷に沿って次の後楽園駅手前まで地上を走る。

　茗荷谷の地名の由来は、江戸時代前期、ここでミョウガがたくさん作られていたためだという。ミョウガといえば、神田川本流部分の早稲田周辺で作られていた早稲田ミョウガ

茗荷谷・早稲田・雑司が谷

が江戸時代から有名だった。早稲田は大正時代くらいまで、一帯は水田か、そうでなければミョウガ畑といった状態だった。

東京には、江戸時代から地域によって特産品ともいえる野菜がある。全国的にも広がっていったものが小松菜で、江戸川区小松川付近で品種改良して栽培され始めたものである。第八代将軍徳川吉宗の鷹狩の際に献上され、そのときに地名から小松菜の名が付けられた。谷中生姜《やなかしょうが》もよく知られる。それぞれ地形や土壌が各野菜に適したもので、谷中の地は、台地と低地の境に位置するため、湧水が豊かでしかも水が淀まずぐに排水され、西日が当たらないという条件が生姜栽培にはうってつけだった。

こうした伝統野菜は農地の減少と共に多

くが消滅しかけていたが、近年東京ブランドの野菜として復活され人気を集め始めている。JA東京中央会では、現在も昔ながらの地で継承されているものを「江戸東京野菜」として、上記2種のほか練馬大根、亀戸大根、内藤・角筈《つのはず》・淀橋カボチャ、雑司ヶ谷茄子、三河島枝豆など50種近くを認定している。

早稲田の地は谷幅が広く、早稲田ミョウガの本場であっても、ミョウガ畑以外に水田も人家もあった。早稲田周辺が「茗荷谷」や「茗荷野」といった地名が付かず、現在の茗荷谷の地にその名が付いたのは、谷が小規模で、その中一面が茗荷畑となっていて印象的な光景だったためとされる。

●雑司が谷駅 ［東京メトロ副都心線、平成20年開業］

神田川北岸の台地の中、支流の弦巻川の浅い谷が池袋方面へ延び、谷をはさんで北側に法明寺、南側に法明寺飛び地（鬼子母神堂《きしもじんどう》など）がある。雑司が谷の名の由来は、法明寺の雑司料だったという説（詳細は不明）、室町時代初頭頃、宮中の雑士がこの村に土着したためとの説などがある。

鬼子母神は、安産、子安のご利益があるとされ、庶民による物見遊山を兼ねた寺社参拝が盛んになった元禄時代（1688～1704）頃から賑わった。本堂は、入母屋作りの拝殿と流造の本殿を一体化させた権現造で、2016年度に国の重要文化財に指定されている。

5-6

○○谷駅は昭和以降、避けられた？恋ケ窪駅は例外中の例外

谷と似た地形を表す語に「沢」がある。山間の小さな渓谷を谷と区別して沢という場合もある。一般に東日本では沢が多く使われ、西日本では谷が多く用いられている。とくに長野県には、軽井沢や宮沢など沢の付く地名や姓名が多いことで知られる。軽井沢の名の由来は、「かれい（涸井）沢」から転じたもので、普段は水が流れていず豪雨の時だけ水が流れる川（沢）によるとの説がある。谷と沢の使い分けは、地域的な相異、窪地の規模による相異もあるが、「（川が流れる窪地でも）危険で役に立たない土地を谷、川沿いに奥地に登っても獲物を取れるような（危険でなく好ましい）所を沢と呼んだ」との推測（『地名の由来を知る事典』）も見られる。

小田急線には、前述のように「谷」が付く駅が二つあるほか、下北沢駅、東北沢駅といった「沢」と付く駅も存在する。下北沢は村落名として江戸時代からの古い地名である。小田急は東京周辺の私鉄の中では、「谷」や「沢」の付く駅が多い私鉄といえる。

●世田谷七沢

世田谷区には沢の付く地名が多く、北沢、野沢、深沢、奥沢、廻沢《めぐりさわ》、馬引沢《うまひきざわ》、吉沢を世田谷七沢といった。最初の四つは現在の町名にある。町名にない廻沢は昭和46年に現在の千歳台などに、馬引沢は大正期などに駒沢、上馬などへ改称された。吉沢は、二子玉川駅の西、野川沿いの地の名称で、かつて玉電砧《きぬた》線吉沢駅があった。

世田谷に「沢」の地名が多いのなら、「谷」の地名はなかったのだろうか。もしも私鉄沿線の武蔵野台地で、谷状の地形を沢と呼んでいたのなら、駅名に「谷」の文字がないのもうなずける。『角川日本地名大辞典　13東京都』によれば、大正14年、たとえば荏原郡玉川村（現・世田谷区）大字奥沢には、15の小字があった。列挙すると開平、稲荷山、丸山、諏訪山、沖ノ谷、八幡前、仏山、赤坂丸、五斗免、千駄丸、城前、大坊野、等々力前、沖ノ谷（前出と別の場所か）、鷺ノ谷である。このように「谷」と付く地名（小字）は「山」の付く地名と同じく存在した。このほか大字深沢には、小字として狸谷、大字下北沢には大山谷、中山谷、下山谷の小字があった。世田谷区の一部地域の場合、大字として奥沢などの沢の付く地名、小字として鷺ノ谷といった「谷」の付く地名という規則性が見られ、これが駅名に「谷」が付かない有力な理由かもしれない。駅名とするには、大字程度の広さの地名がふさわしく、小字では狭すぎるためである。

世田谷以外には、大字の名に「谷」がないわけではない。千駄ヶ谷、阿佐ヶ谷、幡ヶ谷、雪ヶ谷などはどれも大字の地名を駅名にしている。

「窪」も「久保」も嫌われた

谷と似た地形の窪地を表す「久保」、「窪」にも、駅名の採用には「谷」と同様の傾向が存在する。都内のJRには中央線大久保駅、荻窪駅、西荻窪駅、山手線新大久保駅があるが、大手私鉄には西武国分寺線の恋ヶ窪駅の1カ所しかない。都外を含めても千葉県に京成大久保駅があるくらいで、窪、久保は、私鉄では見当たらない。

● 恋ヶ窪駅 〔西武国分寺線、昭和30年開業〕

江戸時代からの地名で、その由来は、①鎌倉時代初期頃に鎌倉街道の宿駅があり、そこには遊女もいた。畠山重忠に寵愛された遊女が重忠戦死という偽の話によって、悲しみのあまり命を絶ったという話によるという説　②湧水の多い窪地だったため、鯉を飼育し旅人に供したためとの説。「鯉」が「恋」へと変わった。

西武国分寺線の開業自体は明治27年と古いのに対し、同駅の開業は宅地開発に合わせて昭和の戦後と新しい。イメージのいい「恋」の字が付いているので例外的に駅名に採用されたのではないだろうか。

○○谷駅と不動産事業の関係

ここまでを都内に対象を絞ってまとめてみると、

・国鉄・ＪＲでは、明治時代に「谷」「窪（久保）」の付く地名を駅名に採用した。昭和以降はそれらの採用がゼロとなった（大正時代は阿佐ヶ谷駅のみ）。

・地下鉄では、昭和の戦後から平成まで、「谷」の付く駅名を多く採用した。

・大手私鉄では、昭和初期まで「谷」の付く駅名を採用していたが、それ以降は、「谷」の付く駅はできていない。

「山」で見てきたことと同じように、時代によって駅名への採用の傾向が変わっている。地下鉄では昭和以降に○○谷駅が生まれ続けていることは、不動産事業を行わない鉄道の場合、「谷」の付く地名も気にせず駅名に採用することをうかがわせる。逆に私鉄では、一般住宅地向けの不動産業も営むため、「谷」の付く駅を避けてきたことも推察される。

序章で引用した司馬の、

「谷こそ古日本人にとってめでたき土地だった」

の言葉も関連するだろう。大正時代あたりから、谷に関する自然観のようなものが変化したように思われる。それは「山」への変化とほぼ同時期のようでもある。

第6章

地域を物語る「坂」「島」駅名

6-1

神楽坂の名は飯田橋駅にこそふさわしい「矢来町」にある神楽坂駅

「この場所にその駅名は違うだろう」と、つい言いたくなる駅がある。その典型的な例が、東京メトロ東西線神楽坂《かぐらざか》駅だ。坂道としての神楽坂は、神楽坂駅からよりも、隣の飯田橋駅からの方がずっと近い。坂下にあたるのが飯田橋駅前の外堀通りで、そこから西の大久保通り方向へ約２００メートル上り坂として続いている。上りきった所に毘沙門天があり、神楽坂の駅の方はといえば、その先約５００メートル進んだ所に位置している。左ページの地図だとやや分かりづらいが、神楽坂を下りた所に地下鉄飯田橋駅の出入り口があり、近くにJR中央線の飯田橋駅西口もある。

江戸時代には、坂下から見て坂の左側が町屋、右側が武家屋敷と寺院だった。明治半ばから賑わうようになり、とくに大正12年の関東大震災で下町の繁華街が被災した後、昭和10年くらいまで、山の手随一の盛り場となった。花柳の街としても名声が高く、政財界の大物が利用する料亭のほか横丁には小さな芸者屋、待合や小料理屋が多かった。明治時代

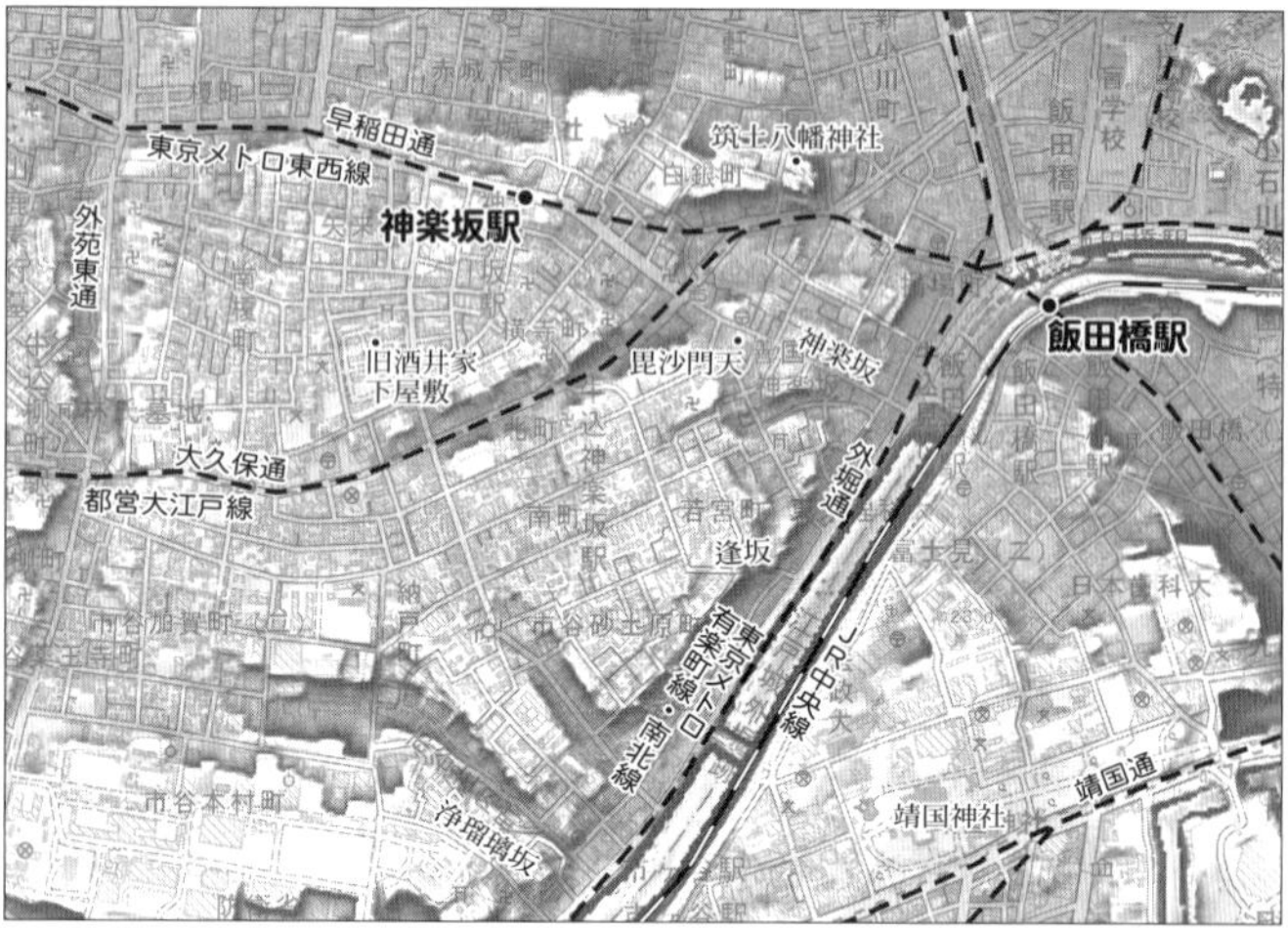

神楽坂周辺

には尾崎紅葉をリーダーとする硯友社《けんゆうしゃ》の作家たち、後には夏目漱石、永井荷風など多くの作家の作品に神楽坂が登場する。その後、山の手随一の盛り場としての地位は新宿に奪われてゆき、戦災にも遭って昔日の面影をなくしてしまう。戦後復興して情緒ある繁華街としての地位を固め現在に至る。

本来の神楽坂とは離れた現在の神楽坂駅付近など、夏目漱石は『硝子戸《がらすど》の中』で、「昼でも陰森として、大空が曇ったように始終薄暗かった」と書いている。大空が薄暗いのは、道の両側、低い長屋のひさしがぶつかり合うように出ていて空が狭いのと、人通りが少ないことによる心象風景だろう。

町域としての神楽坂も昭和26年までは飯田橋駅側の外堀通りから大久保通りにかけ

ての神楽坂（坂道）の両側で、神楽坂駅の地の方はといえば通寺町《とおりてらまち》という名称だった。その後、通寺町は神楽坂6丁目などに改称された。地下鉄東西線開業時（昭和39年）、神楽坂駅は、住所でいえば神楽坂6丁目と矢来町《やらいちょう》の両方にかかっていた。その意味では神楽坂と名乗ってもまったくのウソではないが、ここは「矢来町駅」とするべきだったと思う。現在も神楽坂の繁華街は飯田橋駅寄りであるし、何より矢来町の名も由緒深い。

神楽坂の由来から述べておこう。①江戸城内の田安にあった田安明神が筑土《つくど》八幡神社（現・新宿区筑土八幡町）の隣に遷座する際、この坂にさしかかると、みこしが居座って上がらなくなり、神酒を奉り神楽を奏したところ、みこしが軽く上がったため ②市ヶ谷駅近くの市ヶ谷八幡の祭礼時、その御旅所（分祭所）があって神楽が聞こえたため ③高田穴八幡宮の御旅所が坂の途中にあってみこしが通り、その際に神楽を奏したため。この他にも諸説ある。

矢来町は、若狭小浜藩酒井家下屋敷（現・矢来町ハイツ）があり、その外垣が竹矢来だったことにちなむ。川越藩主（後に小浜藩主）酒井忠勝は三代将軍徳川家光の信任が厚く、江戸城の火災の折、家光がこの下屋敷に避難してきた。その際、御家人たちが抜身の鎗で日夜警護にあたった。これを永く後世に伝えるため塀を設けずに竹矢来を築いたことによる。竹矢来の故事は、矢来町の名で住所には残ったが、残念ながら駅名にまではならなか

坂道としての神楽坂。飯田橋駅近くにあり、脇道に入ると落ち着いた店も多い

ったことになる。

神楽坂周辺は、現在も趣深い坂道がいくつかある。永井荷風は『日和下駄』（大正4年）でこう書いている。

「若《も》し夫《そ》れ明月皎々《こうこう》たる夜、牛込神楽坂浄瑠璃《るり》坂左内坂また逢坂などのほとりに佇んで御濠の土手のつづく限り老松の婆娑《ばさ》たる影静なる水に映ずるさまを眺めなば、誰しも東京中に此《かく》の如き絶景あるかと驚かざるを得まい。」

御濠とは外濠のこと。神楽坂付近から驚くほどの絶景に出会えたという。今から約百年前のことだが、現在でも、逢坂の上あたり、お屋敷町から垣間見える外濠の光景など、昔の姿を想像しやすい所である。

6-2 日比谷、築地は海にちなんだ地名 埋め立て地から様々な文化が生まれた

徳川家康が初めて江戸城に入った天正18(1590)年、現在の丸ノ内や日比谷は江戸湾から続く海(入江)だった。銀座1〜8丁目は江戸湾へと延びる陸地(半島)で、その東側の築地周辺なども海の中だった。銀座のある半島は、本郷台から神田、日本橋を経て銀座へと続くもので、江戸前島と呼ばれた。

家康は日比谷入江の埋め立てを命じる。その目的は、第一に城下に広い土地が必要だったためである。とくに江戸城の近くには、大名屋敷や家格の高い武士のための土地が不足していた。第二は、江戸城近くまで敵の船団に攻め込まれるのを恐れたため、第三は神田川(現・日本橋川)の洪水を防ぐ治水事業の一環、第四は城の堀を建設した際の土捨て場が必要だったためである。日比谷入江の埋め立ては、そうした一石三鳥にも四鳥にもなる事業だった。

地図を参考に日比谷入江を想像しつつ、東京駅から山手線に乗ってみよう。有楽町、新

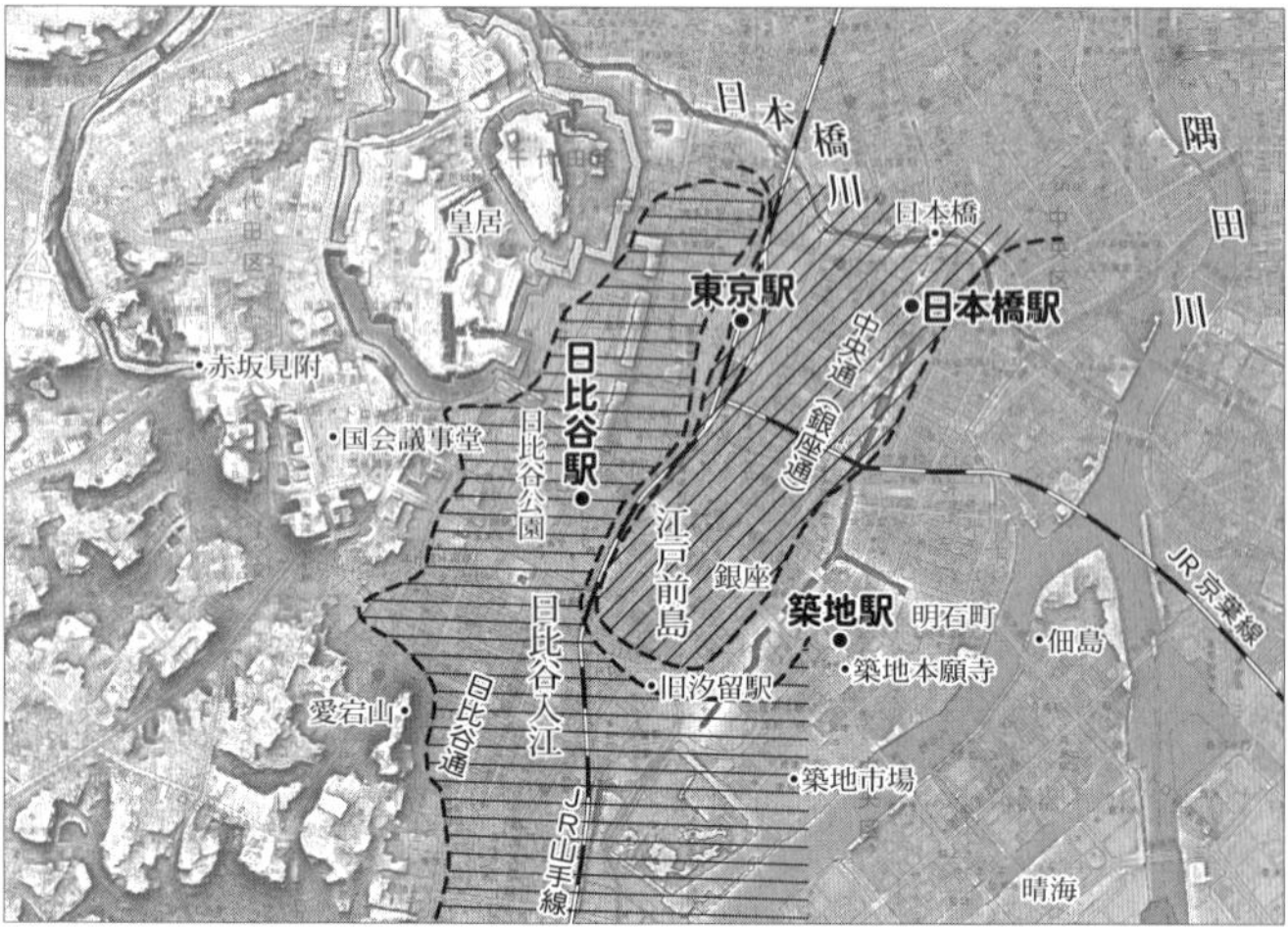

日比谷入江と江戸前島

橋へと右手に入江を見ながら進むことになる。日比谷公園は入江の中、浅い海だった所になる。新橋駅付近からは入江越しに標高25メートルの愛宕山が見え、美しい光景だったことだろう。その先浜松町へはいったん完全に海の中を進み、田町から品川まで海岸線に沿って走っていく。

現在その一帯を歩いていてもかつて海だったことなどまったく信じられないほどだが、その痕跡は駅名に残されている。日比谷駅（昭和39年開業）、築地駅（昭和38年開業）で、いずれも東京メトロ日比谷線の駅としての開業である。

日比谷は、比々谷として戦国時代から地名が見える。当時漁民が住む村落で、海苔を取ったり魚を捕まえたりするために海中

に立てる竹の小枝を「ひび」と称した。それが立つ入江だったことによる。

なお、東京駅八重洲口の名で知られる八重洲の由来は、日比谷入江の奥にあるこの地に洲がたくさん（八重に）あったためかと思いがちだが、これは間違い。オランダ船リーフデ号で豊後《ぶんご》に漂着し、以後徳川家康に仕えたオランダ人、ヤン・ヨーステンが東京駅丸ノ内側から日比谷にかけての地に屋敷を賜ったことによる。付近をヤウス（八重洲）河岸《かし》と呼ぶようになった。

一方、江戸前島をはさんで日比谷とは反対側にあたる築地は、明暦の大火（1657年）の後に埋め立てられた場所である。明暦の大火は、火事の多かった江戸の町でも最大の大火で、江戸城の天守、本丸が焼け落ち、町内の60パーセントが灰になった。この時、浅草橋の南にあった西本願寺も焼失してしまった。同寺は京都西本願寺の別院として元和3（1617）年に建立されたものである。

幕府は区画整理のため、西本願寺を同地に再建することを許さず、その代替地として八丁堀沖合の海を下付した。さらにそのすぐ沖には佃島が浮かんでいる。寺の再建にあたって、熱心な本願寺信徒だった佃島の漁師たちが土砂を運び海を埋め立てて土地を築いた。こうして延宝7（1679）年、築地本願寺が再建された。築地や月島の名は、土地を築き立てたことに由来する。

なお佃島の漁師たちは、それに先立つ寛永年間（1624〜1644年）、摂津国佃村（現・大阪市西淀川区）から幕府により呼び寄せられ、佃島の地を与えられた者たちだった。彼らは毎年11〜3月、白魚をとって将軍に献上することが課せられていた。摂津国は石山本願寺があった国である。

その後、築地周辺の埋め立ても進み、諸大名の上屋敷や中屋敷が立ち並んだ。現在の聖路加国際病院の敷地（築地の隣の明石町）一帯は、赤穂浪士で有名な播磨赤穂藩浅野家の上屋敷だった。

明治維新後、明石町一帯は外国人居留地となり、築地居留地と呼ばれた。しかし東京湾は水深が浅く大型船が入港できなかったことなどもあり、外国人商人たちの活動は横浜を中心としたままだった。築地居留地の必要性は高まらず、その代わり同地にキリスト教会やミッションスクールが次々とできた。明治学院、青山学院、立教大学、女子学院、女子聖学院、雙葉学園などキリスト教系の学校は、築地周辺に開校し、後に移転している。福澤諭吉による蘭学塾（慶應義塾大学の前身）も同地に開かれた。

築地には、海軍大学校、海軍軍医学校など海軍関係の諸施設が並び、関東大震災後には築地市場が開設される。かつて海の中だった地から、居留地文化、学校、市場など様々なものが生れている。

6-3 湯島の名は、温泉が湧いたから!? 内陸部に「島」がある理由とは

都内には、海岸から離れた内陸部なのに「島」の付く地名がいくつも見られる。駅名になっているものだけでも、湯島、三河島、東向島、梅島、豊島園、高島平、拝島などがある。古来、平地の中の小さな台地も「島」といった。島とは海に浮かぶものだけを指すのではなかった。

文京区の湯島は、学問の神様、菅原道真を祀った湯島天神がある地としてよく知られている。地名の由来は、江戸時代後期、湯島天神付近から温泉が湧いたためという説（『御府内備考』）、そのほか油井島からの転訛という説などがある。

凸凹地図を見ると、北から本郷台地が半島のように低地へ向けて延びている。その台地の東端に湯島天神がある。現在の住所では本郷と湯島は別々に存在するが、江戸時代かそれ以前、本郷は湯島の一部であり、湯島の中心という意味で本郷と呼ばれたという。本郷台地全体が神田や日本橋方面などから見れば低地から盛り上った島のように見え、湯島と

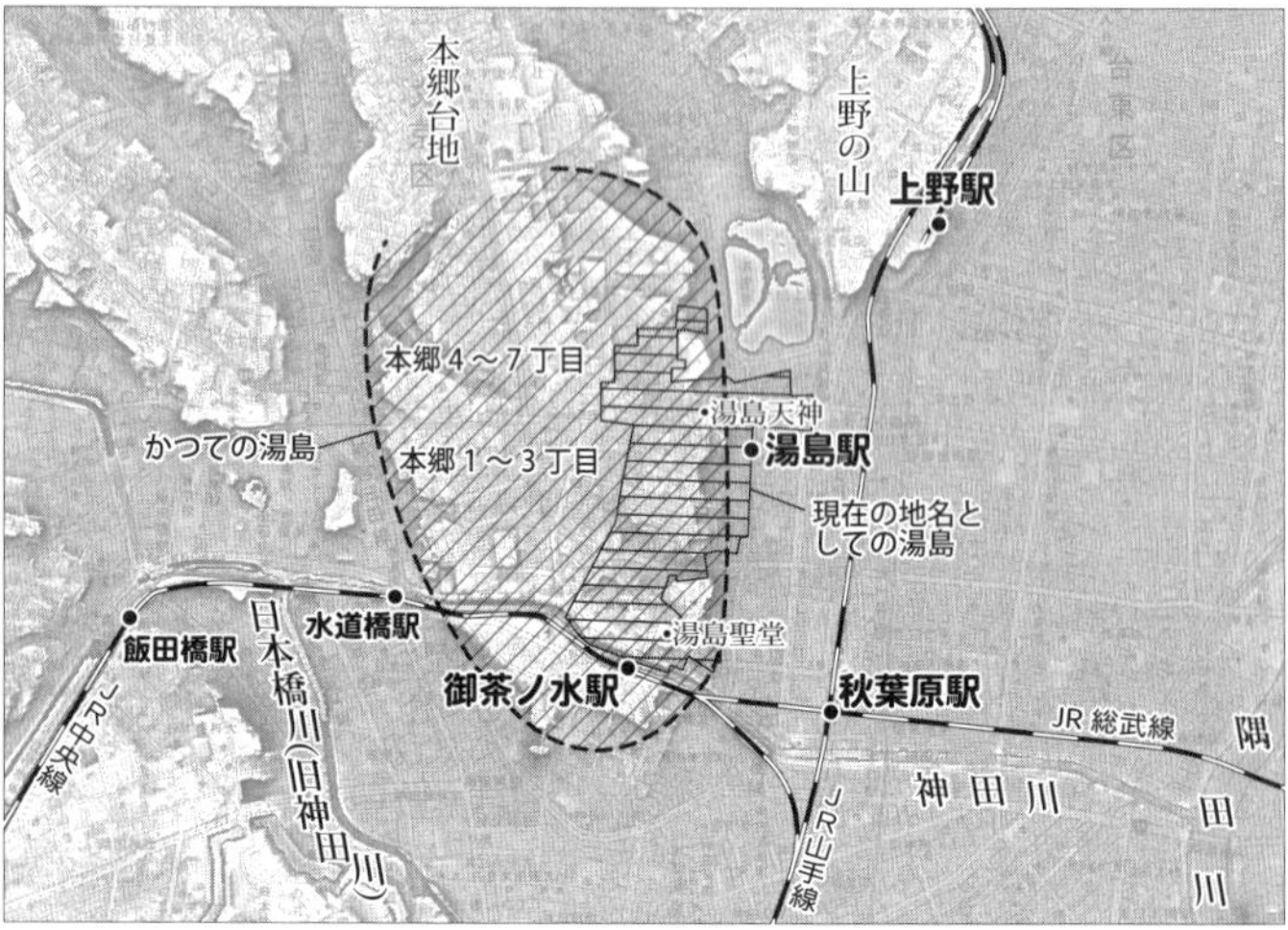

湯島の中心という意味での本郷周辺

名付けられた。

本郷台地（広い意味での湯島）の南を、神田川が横切っている。これは、第二代将軍徳川秀忠の時代の1620年頃、それまで南に向かって流れていた神田川（現・日本橋川部分）を人工的に東へと付け替えた部分である。江戸城下は、大雨が降ると神田川の氾濫で水浸しになる土地だった。そのため標高約17メートルある本郷台地を掘りこんで水路を作る大土木工事を行い、神田川が大手町や日本橋を通って東京湾へ注ぐのではなく、東の隅田川へと流れるように付け変えた。湯島の台地の南側が大雨により氾濫原となっていた姿を想像すると、湯島が島と名付けられたのもうなずける気もするが、やはり定かなことは分からない。

6-4

東京湾に浮かぶ島 江戸時代からある島は？

問題です。次の1〜4は何を示すでしょうか？

1、石川、佃、越中
2、月
3、勝
4、平和、昭和、京浜、夢

1は人名や地名のようであるし、3の勝から4の平和へと変わるのも何かを示唆するように感じる。

答えは、東京湾に浮かぶ島の名（町名）を時代順に列挙したものである。1が江戸時代、2が明治時代、3が昭和戦前・戦中、4が昭和戦後にできたものである。夢だけが間に「の」の字が入って夢の島となる。

1の石川島、越中島、佃島は、いずれも隅田川の河口に堆積した三角洲が元になってい

明治40年頃の湾岸エリア（上。時系列地形図閲覧サイト「今昔マップ on the web」首都圏1896～1909年（© 谷謙二）により作成）と、埋め立てが進んだ現在の同エリア（下）

る。駅名にあるのは越中島だけだが、場所と時代が近いので、石川島も述べておこう（佃島は、183ページ参照）。

隅田川の流れを河口で大きく二俣に分かつ地にあるのが石川島である。島名は、江戸時代前期の寛永年間、船手頭の石川八左衛門重次の所領となって屋敷が置かれたことによる。江戸中期、当地には江戸に流入した無宿・浪人を強制収容して就業させる授産場が設けられた。明治3年に犯罪人の懲役場となり、石川監獄と俗称された。石川島へはまだ渡し船でしか行けず、町中近くの離れ小島に監獄があった形である。またペリー来航の嘉永6（1853）年、幕府の委託を受けて水戸藩が島の北部に石川島造船所を創設、後に民間に払い下げられ石川島播磨重工業（現・IHI）へと発展していく。旧来の石川島は現在の佃2丁目の北半分にあたり、平成時代からは高層マンションが林立するようになった。

越中島は、隅田川左岸（東岸）の洲に江戸時代初期頃、久能山警衛の役、榊原越中守の別邸があったことに由来する。現在は沖側に月島、晴海、豊洲の埋め立て地があるが、海辺の最前線だったため、度重なる風浪で潮をかぶり、いったん荒地に戻った。元禄年間に隅田川河口の川ざらい（浚渫）ですくった土砂を用いて土地が築かれ、旗本・御家人の拝領町屋敷地となった。幕末期、付近一帯は幕府調練場へと変わり、鉄砲の試射などが行われた。明治時代には一時期陸軍の練兵場となった後、高等商船学校（現・東京海洋大学）

隅田川と勝鬨橋。その左手奥が月島。さらにその左手奥が豊洲

が移転してきている。

越中島駅 〔京葉線、平成2年開業〕

駅は古くからの越中島に位置している。同駅とは別に、貨物専用線のJR総武本線越中島支線の越中島貨物駅が約3キロ東にある。この貨物駅は越中島ではなく塩浜に位置している。京葉線越中島駅が開業するまでは越中島支線の貨物駅の方が、越中島に位置しないにも関わらず越中島駅を名乗っていた。京葉線開業にあたり、京葉線の新駅の方は、「西越中島駅」とする案もあったというが、従来の貨物駅の方を越中島駅から越中島貨物駅へと改称することで落ち着いた。もし当初の案どおりになっていたら、町名との一致の点ではまったくおかしなことになるところだった。越中島貨物

駅とせず、「塩浜駅」へと改称すれば地名との齟齬がなくなるのだが、川崎市に塩浜操車場駅があったので、混乱するためそうできなかったのかもしれない。だが塩浜操車場駅は、越中島貨物駅と改称したのと同日に、川崎操車場駅に改称している。お互いに塩浜の名を譲り合うことになってしまった。

月島駅 〔東京メトロ有楽町線、都営大江戸線、昭和63年開業〕

地名の由来は、湾内に突き出すようにある埋め立て地で、観月に恰好《かっこう》の地であったため築き島（月島）と名付けられたという。湾内の洲や土捨て場だった地を明治20年から埋め立て同24～29年に月島1号～2号（現・月島、勝どきの一部）、新佃島（佃島と地続きの東方、現・佃3丁目）の工事が完了した。明治36年に越中島との間に相生橋が架設されたが、銀座方面からは佃渡し、月島の渡しの舟運のみだった。銀座方面からの橋は、勝鬨《かちどき》橋が昭和15年、佃大橋が昭和39年に完成している。

豊洲駅 〔東京メトロ有楽町線、ゆりかもめ、昭和63年開業〕

月島の一つ沖側が晴海、もう一つ沖側が豊洲である。豊洲は近年高級指向のタワーマンションが数多く建ち、ららぽーと豊洲など大規模商業施設も賑わって変貌著しいが、埋め立ては大正末から昭和7年で意外と古い。地名の由来は「将来発展して豊かな洲になるように」との願いによるという。その願いは半ば実現したようにも感じる。

6-5 大森沖の孤島にできた捕虜収容所 戦犯収容所だった土地が「平和」島へ

平和島といえば、ギャンブル好きな人なら即座に、競艇場の「ボートレース平和島」を思い出すだろう。平和島温泉（現・ビッグファン平和島内）が頭に浮かぶ人もいるかもしれない。だが筆者は、地名に「平和」と付くと、「これは何か歴史的ないわれがあるのでは？」と身構えてしまう。平和でなかった時代、すなわち戦災を被ったり旧軍事施設があったり、そうした歴史がある地の場合が多いためだ。たとえば京浜東北線の東十条－赤羽間で、車窓から橋桁に「平和橋」と書かれた環七通りの跨線橋が目に入る。付近には戦前陸軍の造兵廠（工場）、兵器補給廠などがあり、空襲の被害も多かったので、戦後切に平和を願って命名された。広島市で原爆爆心地近くを通る道路を戦後整備した際に名付けた平和大通りなどは、その代表例である。

京浜急行は品川駅を発車すると、江戸時代の旧東海道に沿って南下する。現在は沿線の海岸の埋め立てが進んだため、北品川－川崎間では高架を走るのにも関わらず、車窓から

東京湾は見えない。だが昭和の戦前くらいまで、とくに青物横丁―平和島間などは線路の先100メートルくらいの所に海岸線があった。

戦前の埋め立ては、京浜運河の陸側の一部、現在りんかい線天王洲アイル駅のある天王洲町（現・品川区東品川2丁目）とその南側、現在大井競馬場がある勝島などが行われている。勝島は「戦争に勝つ」との意味で海軍省によって命名された。戦後は昭和25年、勝島の南側半分が大井競馬場とその関連施設となった。町名としての勝島の名は現在まで存在し続けている。「競馬で勝つ」ことを念じて付けた町名ではないので念のため。東京モノレール大井競馬場前駅は、勝島の東端にあるので、「勝島駅」を名乗ってもおかしくなかったが、やはり現在の名のほうが分かりやすい。

戦時中の地図を見ると、勝島の南に南北に細長い小さな島がある。孤島のように見えるが建物が立ち並んでいる地域がある。陸地とは約200メートルの橋でつながっている。場所はちょうど現在ボートレース平和島の観客スタンドの所にあたる。島の大きさもこの観客スタンドより少し大きい程度である。

対岸は、京急大森海岸駅から平和島駅にかけての陸地で、付近は古くから潮干狩りの場所として知られた。明治半ばに海水浴場ができ、明治後期から大正前期にかけてとくに賑わったという。京浜国道沿い（現・大森北2丁目付近）は料亭が並び、昭和14年頃には料

昭和20年頃の勝島・捕虜収容所周辺（上。時系列地形図閲覧サイト「今昔マップ on the web」首都圏1944～1954年（©谷　謙二）により作成）と埋め立てが進んだ現在の同エリア（下）

理店及び待合が約40軒あった。

東京市は勝島に続いて、この島付近も埋め立てを始めたが、太平洋戦争により工事は一時中断、まだこぢんまりとした島は、捕虜収容所にあてられた。連合国軍の捕虜はまさに島流しのような土地に押し込められた。対岸陸地の1キロ北側には、江戸時代前期から明治初年に廃止されるまで、罪人の処刑場である鈴ヶ森刑場があった。捕虜収容所と処刑場と、何か因縁じみたものを感じる。太平洋戦争末期、米軍の空襲は同胞のいるこの地を避けて行われたという。

戦後、捕虜収容所は、一転して日本人の戦犯収容所（大森プリズン）となった。元首相の東条英機らA級戦犯は、巣鴨プリズンに移送させられるまでの約3カ月、ここに収容されている。C級戦犯で同地に収容された飛田時雄は、『C級戦犯がスケッチした巣鴨プリズン』で大森プリズンでの様子を活写している。A級戦犯となった高官らは、わずかでも時間があると将棋盤とにらみあったり、モノをしたためたり、あるいは読書、瞑想などに時間を費やしていた。飛田は、ここで足元がおぼつかない東条の入浴の介添えを頼まれる。東条は口髭こそたくわえているが、頭髪はすっかり薄く、痩せ衰えた体からは陸軍大将の権威などすっかり消え失せていた。背中には拳銃で自決をはかった時の傷がまだ完治せず、少し化膿しているようだったという。飛田は戦争を始めた張本人に対する怒りを抱いてい

たが、痩せさらばえた背中を流していくうちに怒りが氷解していく気持ちを綴っている。

その後一帯の埋め立て整備が進み、平和島競艇場（当初の名称は大森競走場）が昭和29年にオープン、平和島には温泉会館、トラックターミナル、物流ビルなどができていく。昭和42年に埋め立て地として大田区に編入され平和島の町名が確定した。京急平和島駅は、明治34年に沢田駅として開業、同37年頃学校裏駅に改称、昭和36年に平和島駅に改称されている。

● 天王洲アイル駅 〔東京モノレール、東京臨海高速鉄道、平成4年開業〕

駅のある東品川2丁目は、四方を運河に囲まれ島となっている。昭和初期に埋め立てられるまで、当地は浅瀬の海だった。室町時代、牛頭《ごず》天王（須佐男之神《すさのおのみこと》）の御神面が当地に流れ着いて海面に神々しい光を放った。そのためこの海域を神域として禁漁区とし、京都の祇園祭に倣って神輿が海中を渡る天王祭を、品川宿本陣近くにある荏原神社で行なうようになった。その海域が埋め立てられることになり、天王洲と呼ばれるようになったという。

おわりに

本書を当初、ある意味もう少し気楽な気持ちで企画した。「はじめに」で述べた二つの視点のうちの第一、「山」や「丘」、「川」や「谷」の名を駅名にしたものが東京には多いので、それを軸にすれば、通常と違う視点で、興味深く東京の地形を語れると思ったのである。

ところがまず○○山駅というものをリストアップしていくと、私鉄には多いのにJRにはないことに気付いた。とても面白い事象なので、「丘」「台」「谷」についても見ていくことにした。それは時代により、また関東と関西により、異なっていることも分かってきた。そのため半分ほど書き進めた段階で、章立ての変更を行ったりもした。

この検討をしながらずっと気になっていたのが、近代における日本人の自然観の変化である。明治時代初期頃に来日した外国人知識人の何人もが、後年「古き良き日本」Picturesque Old Japanという言葉を発している。自分たちが来日した当初には「古き良き日本」があったのに、明治後半にはそれが消えていったと述べる。明治期を通して最も高名な日本研究者のひとりであるバジル・ホール・チェンバレンは次のように言う。

「古い日本は、妖精の住む小さくてかわいらしい不思議の国であった」「一八七三年に日本に着いた筆者は、〈30年以上経った現在〉もう四〇〇歳にもなったような気持」であり、「近代日本の大変革を表面から下まで潜って研究した者」として「古い日本は死んで去ってしまった」(『日本事物誌』)。〈〉内は筆者の補足)

この変革は政治体制や町の姿といったものだけでなく、日本人の生活、心のありようも含んでいる。同様のことは、アーネスト・サトウ、エドワード・モース、ウォルター・ウェストンといった日本通の英米人も指摘している。生活や自然観の変化などは、異邦人による目からの方が気づきやすいとは、よく言われることである。各人が指摘するように、その変革は明治時代後半頃にあったようなのだ。また「古き良き日本」は、本文で引用した司馬遼太郎の「古日本人」と通じるように思える。これらが消えていった時に、「山」や「谷」への日本人の自然観が変貌し、それが〇〇山や〇〇谷という駅名の採用の有無に変化を与えたのではないか。

本書は東京周辺の駅名だけを追っているので、こうしたことの検証には、全国の駅名、また町名、字名の変遷の研究が不可欠である。筆者としては本書をそのとっかかりとして、今後さらに日本人の自然観の変化の検証を進めていきたいと思っている。

◎「山」の付く駅

●千歳烏山駅《ちとせからすやま》

〔京王電鉄京王線、大正2年烏山駅として開業、昭和4年現駅名に改称〕

千歳村大字烏山に開業した駅。烏山の由来は、昔うっそうとした森林でカラ人が多数飛び交っていたためとの説がある。単に烏山というだけでなく千歳を加えて、瑞祥地名（めでたい言葉を冠した地名）としている。そうすることで印象がかなり変わった好例だろう。

●東村山駅

〔西武新宿線、国分寺線、西武園線、明治28年開業〕

狭山丘陵が連なる景観を、群れる山、「群山」といい、それが「村山」に転訛したとされる。その東側にある地の意。

●高尾山口駅

〔京王高尾線、昭和42年開業〕

高尾山への登り口で高尾山ケーブルカーの駅が近くにある。高尾の尾とは尾根のことで高い尾根のある山の意味。高尾、高雄、鷹尾などの漢字をあて、国内各地に存在する地名である。

●大倉山駅

〔東急東横線、大正15年太尾駅として開業、昭和7年現駅名に改称〕

駅西側の丘が低地へ突出し、それが動物の太い尾のように見えたことから、周辺は太尾とい

う地名だった。昭和7年、大倉洋紙店（現・新生紙パルプ商事）社長、東洋大学学長も務めた実業家の大倉邦彦が、現在の大倉山公園に大倉精神文化研究所を創設、その際駅名も大倉山と改称された。同研究所のギリシア神殿風建物は横浜市に移管され、大倉山記念館となっている。

大倉山駅は、大成建設（旧大倉土木）、ホテルオークラなどの大倉財閥と関連するものと誤解されやすいが、大倉邦彦は佐賀県出身、入社した大倉洋紙店社長の大倉文二に見込まれて婿養子となった者で、大倉財閥とは関係がない。

武蔵嵐山《らんざん》駅［東武東上線、大正12年菅谷駅として開業、昭和10年現駅名に改称］

明治神宮や日比谷公園をはじめ多くの緑地、公園を設計し「日本の公園の父」と呼ばれる林学博士・本多静六が、昭和3年頃同地を訪れた。駅の西側、槻川《つきかわ》が大きく蛇行して渓谷をなす光景が京都嵐山に似ていることから嵐山渓谷と命名したところ評判となり、観光客がたくさん訪れるようになった。それを受けて駅名が改称された。町名も昭和42年に菅谷村から嵐山町に変更されている。

◎「谷」「坂」の付く駅

神谷町《かみやちょう》駅［東京メトロ日比谷線、昭和39年開業］

徳川家康に仕えた十三州御手廻り中間《ちゅうげん》（足軽と小者の中間に位し雑役に従事する）が、当地に組屋敷を拝領した。当地は西久保田町と名付けられていたが、田町という町名が多いので、

出身地の三河国八名郡神谷村の名を取って神谷町と称するよう町奉行から申し渡された。当地は谷に立地する。出身地の名に谷の字が付いていたおかげで、地形どおりの名が付いた。

●世田谷駅 〔東急世田谷線、大正14年開業〕

世田谷は「せたかい」、「せたかえ」とも読み、世太ヶ谷、瀬田谷とも表記されてきた。勢多（瀬田）郷の一部でとくに谷の多い所を示すとされる。瀬田は瀬戸の訛ったもので、瀬戸は通常は狭い海峡の意味だが、狭い谷地も指す。

●乃木坂駅 〔東京メトロ千代線、昭和47年開業〕

乃木坂は行合坂、なだれ坂、膝折坂、幽霊坂などと呼ばれていた。日露戦争での指揮ぶりなど、現在では名将、愚将様々な評価のある乃木希典大将だが、明治天皇崩御の際、夫人と共に殉死した当時、乃木は人々からの尊崇の念を一身に集めた。邸宅の前の坂は葬儀と同時に「乃木坂」という名称にに改められた。

地下鉄開通前、都電が外苑東通りを走っていた時代、ここの停留所名は明治時代では赤坂新坂町、大正時代に乃木坂、戦後には軍人の名を避けて新坂町（後に赤坂8丁目）へと変わっている。地下鉄駅の開業時、駅名として個人名を復活させた形となった。

◎「島」の付く駅

●三河島駅 〔JR常磐線、明治38年開業〕

駅の北側、隅田川（旧荒川）までが旧三河島村、駅の南側が旧日暮里村である。三河島は三河ケ島、三川ケ島ともいい戦国時代からある地名。地名の由来は①古い昔、川の中洲にあって三筋の川に囲まれていたため②15世紀半ば、木戸三河守源孝範の居館があったため③小田原北条氏の家臣、細谷三河守の領地となったためなどがある。②③の説では人の名に島を付け足した形となるのは、このあたりが島のような地形になっていたためだろう。旧荒川はこのあたりで90度曲がるなど蛇行が激しいことを考えると、筋別れした荒川に囲まれた地としての①の説を取りたくなる。

高島平駅

〔都営地下鉄三田線、昭和43年志村駅として開業、同44年現駅名に改称〕

天保12（1841）年に、同地において日本で初めて西洋式砲術の演習を行った高島秋帆にちなむ。昭和44年、周辺の下赤塚町、三園町、徳丸町などが高島平1～9丁目に改められたことに合わせて駅名も変更された。一帯は荒川の後背湿地で耕作に適さず、幕府の鷹狩場などだったが、明治以降は水田開発が進み、東京屈指の米どころとなっていた。

梅島駅

〔東武伊勢崎線、大正13年開業〕

駅前を旧日光街道が南北に通っている。それに沿って駅の南側の町名が梅田、駅の北側が梅島、さらに北が島根となっている。梅島は明治半ばに梅田と島根から一文字ずつ取って生まれた合成地名である

梅田という地名は各地に見られ、「埋田」に梅の字をあてて新しく開発した田園という意味の場所もあるが、当地は、明王院（現・梅田4丁目）が万徳山梅林寺を号し、その建立者の子孫が梅田氏を名乗ったためとされる。島根の地名は室町時代から見られ、島畑村ともいった。由来は、水田が広がる中に島のような形の畑が多くあり、島畑が後に島根を称するようになった。

合成地名の梅島の町域は、かつての梅田集落、島根集落からともにはずれた地で、日光街道沿い以外は一面に田んぼが続くばかりだった。昭和40年代に現在の島根1～3丁目が梅島4～7丁目に改称される話が持ち上がった。日光街道沿いの数百年続く地名が消滅し、合成地名となることに地元が強く反対し、島根の名が残ったという。

拝島駅
〔青梅線・八高線、五日市線、西武拝島線、明治27年開業〕

昔、多摩川の上流、日原村から大日如来《だいにちにょらい》像が一体流れてきて、大神村（拝島駅東方）の川沿いの崖に漂着した。毎夜この像は光明を放つので、里人が迎えて安置したので名が付いたといわれる。江戸時代は八王子千人同心（郷士の幕臣）の日光参勤の際の街道の宿場で、八王子、拝島、箱根ヶ崎と宿が続いた。拝島駅は多摩川の河岸段丘上にあるが、かつての拝島の宿駅（現・拝島町）はそこから約20メートル低い段丘下の現・奥多摩街道沿いにあり、今も町内には上宿、中宿の地名が残っている。

◎「丘」と「台」の付く駅

〈大正時代に「台」「丘」命名〉

ＪＲ（国鉄）…なし

京王…初台　東武…上福岡　京成…国府台（市川鴻の台、市川国府台）

都電…小台（小台ノ渡）

〈昭和戦前に「台」「丘」命名〉

ＪＲ（国鉄）…なし

東急…石川台、自由が丘、尾山台、緑が丘、旗の台（旗ヶ岡）

小田急…梅ヶ丘、相武台前　京王…富士見ヶ丘、三鷹台、聖蹟桜ヶ丘

西武…桜台、富士見台、狭山ヶ丘

東武…藤岡　京成…なし　京急…上大岡、京急富岡（湘南富岡）

〈昭和戦後に「台」「丘」命名〉

ＪＲ（国鉄）根岸線…洋光台、港南台、本郷台　常磐線…天王台

東急…宮崎台、藤が丘、青葉台、すずかけ台

小田急…向ヶ丘遊園、百合ヶ丘、新百合ヶ丘、五月台、桜ヶ丘、湘南台
京王…つつじヶ丘、武蔵野台、若葉台、めじろ台
西武…ひばりヶ丘、鷹の台、新桜台
東武…ときわ台、朝霞台、みずほ台、せんげん台、七光台、江戸川台、杉戸高野台
京成…八千代台、勝田台、ユーカリが丘、みどり台　京急…能見台
東京メトロ…平和台、氷川台　都営地下鉄…高輪台、西台
新京成…みのり台、二和向台、薬園台
相鉄…希望ヶ丘、かしわ台、弥生台　横浜市営地下鉄…舞岡

〈平成時代に「台」「丘」命名〉
西武…練馬高野台、白糸台
京成…大森台、ちはら台
東京メトロ…白金台　都営地下鉄、日暮里・舎人ライナー…白金台、光が丘、足立小台
相鉄…ゆめが丘　横浜市営地下鉄…仲町台、都築ふれあいの丘

※対象エリアは、ＪＲは、「東京の電車特定区間」（東は千葉、取手、北は大宮、西は高尾、奥多摩、大船の各駅）、関東大手私鉄、地下鉄などは全線。

〈参考文献〉

竹内理三ほか編『角川日本地名大辞典』13東京都／角川書店／1979年
山中襄太『地名語源辞典』校倉書房／1968年
今尾恵介監修『日本鉄道旅行地図帳』関東1・関東2・東京／新潮社／2008年
今尾恵介「地名の「山」に隠された謎。」『東京人』2012年10月号／都市出版
今尾恵介『地名の社会学』角川書店／2008年
鈴木理生編著『東京の地名がわかる事典』日本実業出版／2002年
竹内誠編『東京の地名由来辞典』東京堂出版／2006年
武光誠『地名の由来を知る事典』東京堂出版／1997年
筒井功『東京の地名　地形と語源をたずねて』河出書房新社／2014年
内田宗治『明治大正凸凹地図 東京散歩』実業之日本社／2015年
大石学『駅名で読む江戸・東京』（正・続）PHP新書／2003・2004年
朝日新聞社会部編『東京地名考　上・下』朝日新聞社／1986年
鈴木理生編著『東京の地名がわかる事典』日本実業出版社／2002年
菅原健二『川の地図辞典　江戸・東京／23区編』之潮／2007年
大塚新平『多摩の郷土史　ゆりが丘とその周辺』大塚書店／1979年
東京急行電鉄編『東京急行電鉄50年史』／1973年
小田急電鉄編『小田急五十年史』1980年
品川区教育委員会編『品川区史料（十三）　品川の地名』2000年
吉原健一郎ほか編『復元・江戸情報地図』朝日新聞社／1994年
端田晶『もっと美味しくビールが飲みたい！』講談社文庫／2008年
『停車場変遷大事典　国鉄・JR編』JTB／1998年

◉さくいん

あ行

か行

さ行

た行

著　者　**内田宗治**（うちだ むねはる）

フリーライター。1957年東京生まれ。実業之日本社で旅行ガイドブックシリーズ編集長などを経てフリーに。旅と散歩、鉄道、自然災害、産業遺産に関するテーマで主に執筆。

廃線跡歩きと廃川（はいせん）跡歩き、「歩き鉄」（歴史ある路線沿いを歩き尽くす）を実践中。

主な著書に『地形で解ける！東京の街の秘密50』、『明治大正凸凹地図東京散歩』『ゼンリン住宅地図と最新ネット地図の秘密』『「水」が教えてくれる東京微地形散歩』（以上実業之日本社）、『東京鉄道遺産100選』（中公新書）、『関東大震災と鉄道』（新潮社）など。

※本書は書き下ろしオリジナルです。

じっぴコンパクト新書　340

地形《ちけい》を感《かん》じる駅名《えきめい》の秘密《ひみつ》　東京周辺《とうきょうしゅうへん》

2018年1月10日　初版第1刷発行

著　者……………**内田宗治**
発行者……………**岩野裕一**
発行所……………**株式会社実業之日本社**
〒153-0044 東京都目黒区大橋1-5-1 クロスエアタワー8階
電話（編集）03-6809-0452
（販売）03-6809-0495
http://www.j-n.co.jp/
印刷・製本…………**大日本印刷株式会社**

ISBN978-4-408-33760-9（第一趣味）

武蔵野台地と東部低地
赤羽駅
梅島駅
石神井川
王子駅
飛鳥山
北千住駅
隅田川
荒川
田端駅
巣鴨駅
池袋駅
東向島駅
おとめ山公園
下落合駅
高田馬場駅
上野駅
浅草駅
神田川
亀戸駅
新宿駅
四ッ谷駅
東京駅
銀座駅
青山一丁目駅
越中島駅
築地駅
月島駅
下北沢駅
渋谷駅
豊洲駅
代官山駅
目黒川
品川駅
五反田駅
天王洲アイル駅
自由が丘駅
大岡山駅
旗の台駅
田園調布駅
大井競馬場（勝島）
平和島駅

山手
(渋谷－新宿－池袋)
池袋駅
雑司ヶ谷霊園
沼袋駅
妙正寺川
おとめ山公園
目白駅
茗荷谷駅
下落合駅
高田馬場駅
都電早稲田停留場
戸山公園
市ヶ谷駅
新宿駅
四ツ谷駅
初台駅
千駄ヶ谷駅
甲州街道
赤坂見附駅
渋谷区
青山一丁目駅
原宿駅
代田橋駅
代々木八幡駅
青山霊園
六本木駅
下北沢駅
渋谷駅
梅ヶ丘駅
目黒川
代官山駅
三軒茶屋駅
目黒駅
目黒区
駒沢オリンピック公園